Joh. W. Matutis

Brisant

Joh. W. Matutis

Brisant

Eine Studie über die Weltgeschichte Forum 2

Fromm Verlag

Imprint

Any brand names and product names mentioned in this book are subject to trademark, brand or patent protection and are trademarks or registered trademarks of their respective holders. The use of brand names, product names, common names, trade names, product descriptions etc. even without a particular marking in this work is in no way to be construed to mean that such names may be regarded as unrestricted in respect of trademark and brand protection legislation and could thus be used by anyone.

Cover image: Vom Autor bereitgestellt

Publisher:
Fromm Verlag
is a trademark of
Dodo Books Indian Ocean Ltd. and OmniScriptum S.R.L publishing group

120 High Road, East Finchley, London, N2 9ED, United Kingdom
Str. Armeneasca 28/1, office 1, Chisinau MD-2012, Republic of Moldova, Europe
Printed at: see last page
ISBN: 978-613-8-37884-6

Joh. W. Matutis

Brisant

Eine Studie über die Weltgeschichte

PREDIGTSAMMLUNG

Band 4

Fromm Verlag

INHALTSVERZEICHNIS

EINLEITUNG

<u>für die Verwendung des Materials der Predigtsammlung</u>

<u>Zum Studium</u>

Ich empfehle, die angegebenen Schriftstellen nachzuschlagen und nachzulesen, um sich so gründlich in die Materie einzuarbeiten und zu vertiefen. Das Buch besteht aus drei Teilen und ist nicht in chronologischer Abfolge verfasst.

Die dem Wort Gottes entnommenen Schriftstellen sind fett markiert und unterstrichen dargestellt. Schriftstellen, die nicht fett markiert, aber unterstrichen dargestellt sind, wurden zwar nicht gepredigt, aber der Vollständigkeit halber hinzugefügt.

Kursiv dargestellte Texte sind Zitate, die entweder auf das Wort Gottes zurückzuführen sind, oder Liedtexten, Sinnsprüchen bzw. Lebensweisheiten entnommen wurden. Dasselbe gilt für die in Klammer aufgeführten Bemerkungen, insbesondere für die Predigthinweise.

Dieses Material ist urheberrechtlich geschützt. Verwendung, Vervielfältigung o. Ä. ist deswegen nur mit Erlaubnis des Urhebers möglich. Zu diesem Zweck senden Sie mir bitte eine kurze Mitteilung an die folgende E-Mail-Adresse: pastor@matutis.de.

Wenn Ihnen der Inhalt gefallen hat, empfehlen Sie bitte dieses Buch an Ihre Freunde und Bekannten weiter und helfen Sie mit, das Evangelium zu verbreiten. Vielen Dank!

Und nun wünsche ich Ihnen viel Freude und geistlichen Gewinn beim Lesen dieser Lektüre.

Ihr Joh. W. Matutis

www.nnk-berlin.de

Teil 1

Predigt von Pastor Joh. W. Matutis

„Europa und der Antichrist"

„Sind von Freunden wir verlassen und wir gehen ins Gebet, o, so ist uns Jesus alles: König Priester und Prophet!" Halleluja! Heute werde ich ein politisches, sehr heikles Thema behandeln. Es geht ums Ganze. Wir sind in der Endzeit bzw. in den letzten Zügen der Welt- und Heilsgeschichte. Das Reich Gottes kommt! Alle Reiche dieser Welt vergehen, aber Sein Reich kommt! Das Gebet der Christen wird erhört, welches lautet: *„Dein Reich komme. Dein Wille geschehe"* usw. (Siehe Mt 6,10) Denn Dein ist die Kraft und Dein ist die Herrlichkeit und Dein ist die Macht in alle Ewigkeit (siehe Mt 6,13b). In dieser Zeit sind wir angelangt! Ihr seid herzlich eingeladen, am Freitag zu mir in den Gottesdienst zu kommen. Ich werde über Deutschland verkündigen *(siehe Predigt: „Deutschland in der biblischen Prophetie" vom 08.06.2018).* Du wirst erstaunt sein und dich fragen: „Wo steht etwas über unsere Heimat in der Heiligen Schrift?" Deutschland ist klar und deutlich im Wort Gottes verzeichnet! Seit wann gibt es das uns bekannte Deutschland, das nicht das uralte Germanien meint? Die Antwort lautet: Seit der Entstehung des Staates Israel im Jahr 1948. Nachdem der Zweite Weltkrieg beendet war, entstanden sowohl Israel als auch Deutschland. Beide Länder haben eine strenge und enge Verbindung! Darüber werde ich berichten.

Die Heilige Schrift bezieht sich auf unser Vaterland! Das Wort des Herrn, welches gemäß der Überlieferung aus der Heiligen Schrift offenbar wurde und nachfolgend niedergeschrieben ist, lautet: **Und ich sah ein zweites Tier aufsteigen aus der Erde; das hatte zwei Hörner wie ein Lamm und redete wie ein Drache. Und es übt alle Macht des ersten Tieres aus vor seinen Augen und es macht, dass die Erde und die darauf wohnen, das erste Tier anbeten, dessen tödliche Wunde heil geworden war (Offb 13,11f.).** Die Textpassage *„dessen tödliche Wunde heil geworden war"* bedeutet, dass die Berliner Mauer fiel! Erstaunen ging um die ganze Welt! Ohne Krieg und Blutvergießen widerfuhr dieser *„tödlichen Wunde"* Heil, und alle Völker sahen dieses historische Ereignis. Dadurch wurde die Wende in der Geschichte eingeleitet! Bald mehr dazu. Noch eine interessante Information: In Berlin steht der Pergamonaltar. Der Herr spricht das folgende Wort, das geschrieben steht, siehe hier: **Ich weiß, wo du wohnst: da, wo der Thron des Satans ist (Offb 2,13a).** Du siehst, wir haben sehr viele Informationen aus der Bibel über Deutschland, die ich mit dem Alltagsgeschehen kombinieren und prophetisch deuten will.

„Deutschland und der Antichrist" ist ein heikles Thema, denn den Antichristen setze ich mit Adolf Hitler gleich. Das Dritte Reich war „die Generalprobe Satans". So ist mein Verständnis, und in diese Richtung geht auch meine Deutung und Auslegung der biblischen Prophetie. Satan hat bereits getestet, wie weit er gehen kann, aber das noch vor der Zeit. Alles, was Adolf Hitler tat, wird sich wiederholen. Die Geschichte ist noch nicht abgetan. Ich bin erschüttert, dass in den Medien immer wieder die Filme vom Dritten Reich gezeigt werden, in denen die Nazis aufmarschieren. Die Medienmacher sollen endlich damit aufhören! Dadurch findet eine Verherrlichung Adolf Hitlers und des nazistischen Gedankengutes statt! Diesen Mächten, d. h. den Dämonen und bösen Geistern, werden dadurch „Tür und Tor geöffnet". Die Textpassage *„Die ich rief, die Geister, werd' ich nun nicht los"* finden wir in einem Gedicht des deutschen Schriftstellers Johann Wolfgang von Goethe vor. Wir sollten aufhören, diese Geister zu erwecken!, denn „Hitler" schläft nicht, und er ist auch nicht tot, sondern lebt in einer anderen Statur weiter.

Die kritische Zeit, in der wir uns befinden, ist der „Nährboden" für den Antichristen. Adolf Hitler kam an die Macht, als Arbeitslosigkeit das Land befiel; der Erste Weltkrieg war beendet und der Versailler Vertrag beschlossen. Viele Unruhen und Straßendemonstrationen fanden zu dieser Zeit statt. Not- und Krisenzeiten sind der Nährboden für den Antichristen! Wir befinden uns hier inmitten dieses alten Landflecks Europas. Dieser Kontinent ist zwar relativ klein, aber historisch bedeutsam! In den letzten Jahrzehnten fand hier sehr viel statt. Menschen wurden unterdrückt, versklavt, ausgebombt und gefangengehalten. Gestern las ich in einem Commerzblatt folgende Anzeige: „Die USA befeuert die Spaltung Europas." Es steht geschrieben, dass dieses Reich uneins sein wird (siehe Dan 2,41). Obgleich mein heutiges Thema kritisch und auch sehr belastbar ist, behalte ich mir vor, alles biblisch zu belegen, denn ich nehme absolut keinen Bezug auf die philosophischen Standpunkte. Es steht geschrieben: **Wo das Aas ist, da sammeln sich die Geier (Mt 24,28).** Du siehst: Leichnam nebst Kadaver wird von Geiern umkreist! In dieser Epoche befinden wir uns jetzt gerade! Alle Pläne der Neuen Weltordnung, deren Vorstellungen und Versprechen, scheiterten! Es wird eine Neue Weltordnung, in der sämtliche Völker wie Russland, China, Europa und Amerika erfasst sind, beabsichtigt. Dieses Vorhaben muss aber scheitern, weil es nichts als Utopie ist! Der Präsident der USA namens Donald Trump gleicht einem Kometen. Er bringt diesen Stein ins Rollen, der das Standbild des Nebukadnezar erschüttert (s. Dan 2,45a). Das geschah bereits! Der europäische Kontinent wird immer mehr infrage gestellt, vor allen von den eigenen Insassen. Noch nie zuvor war die Bedrohung Europas so groß wie heute!

Das Atomabkommen mit dem Iran löst bei den Europäern aufgrund der zwiespältigen Haltung des amerikanischen Präsidenten große Bedenken aus. Die transatlantischen Beziehungen reißen immer mehr ab. Zwischen Deutschland und den USA verhärten sich die Fronten. Es herrscht ein negatives, pessimistisches Klima. Die Währungen Euro und Dollar stehen in Zwietracht zueinander. Der Dollar wird fallen und der Börsencrash ist bereits vorprogrammiert. Menschen werden nach einer anderen Währung Ausschau halten. Die BRICS-Staaten Brasilien, Russland, Indien, China und der südafrikanische Kontinent beabsichtigen, ein neues Währungssystem zu entwickeln und einzuführen. Plötzlich geschieht jene Veränderung, welche über das Computersystem gesteuert, gelenkt und erhoben wird, nebst der damit einhergehenden Finanzverschiebungen und Fehlverbuchungen. Unser Weltsystem steuert unweigerlich auf eine neue Finanzkrise zu. Die Welt befindet sich „auf einem

Vulkan". Europa gelangte in eine existenzielle Krisensituation. Alles läuft anders als geplant. Mit dem Vollzug des Brexit zogen die Engländer einen Schlussstrich. Italien steht unmittelbar vor einer solchen Entscheidung. Besonders die Länderreihen Spanien, Portugal und Griechenland befinden sich in einer Krise, die sich über den gesamten Kontinent erstreckt. Hier tritt die Statue des Nebukadnezar mit dem goldenen Haupt und den Zehen, vermengt aus Ton und Erz, bzw. den Füßen *„teils von Eisen und teils von Ton"*, hervor, die weder Zusammenhalt noch Einigung erlangen (s. Dan 2,32f.). Darauf gehe ich später noch ein.

In Italien herrscht derzeit politische Unsicherheit. Die Börsenkurse schwanken. Passt gut auf! Lest die Zeitung und hört die Nachrichten! Ein Holländer ließ vor zweihundert Jahren Folgendes verlauten: „Wenn du die Bibel liest, vergiss auch die Zeitung nicht, denn was in der Zeitung steht, ist durch die Heilige Schrift längst prophezeit." *Es geschieht nichts Neues unter der Sonne* (s. Pred 1,9). Der Herr spricht, was nachfolgend geschrieben steht: **Gott, der HERR, tut nichts, ohne es vorher seinen Dienern, den Propheten, anzuvertrauen (Am 3,7 HFA).** Deshalb predige ich, damit niemand im Nachhinein bestürzt ist und behauptet, dass er nichts davon wusste. Die Menschheit soll die Stunde X nicht verschlafen! Möglicherweise wird Italien dem Brexit folgen und auch das Europäische Währungssystem verlassen. Die Neuwahlen hinsichtlich der Präsidentschaft könnten dieses Vorhaben begünstigen.

Viele EU-Staaten, insbesondere Polen, fühlen sich von Deutschland bevormundet, weil der Finanzhaushalt und die Volkswirtschaft momentan so stabil ist. Auch das Wirtschaftssystem ist intakt. Der sogenannte „deutsche Michel" flößt den angrenzenden Staaten, wie z. B. Frankreich, Angst ein, weil er solide arbeitet. Einerseits werden Klagen wider Deutschland laut, andererseits Hilferufe in Krisensituationen. Während der Wirtschafts- und Finanzkrise Griechenlands wurde

Bundeskanzlerin Angelika Merkel als Adolf Hitler mit Schnurrbart und Hakenkreuz dargestellt. Obwohl Adolf Hitler längst begraben ist, lebt dieser Geist fort!

Die Bevormundung durch Brüssel wird von der Mehrheit der europäischen Mitgliedsstaaten abgelehnt. Darauf basiert die Europakrise, die bittere Wahrheit und harte Realität ist. Das gebe ich hier ganz unverblümt weiter. Der Europäische Währungsfonds zieht viele unlösbare Probleme nach sich. In aller Munde kursiert die Meinung, dass der Euro die Europäische Einheit zerstören würde. Das zuvor erwähnte Standbild des Nebukadnezar mit den aus Ton und Erz vermengten Zehen, stellt diese Problematik dar. Knapp die Hälfte der Staaten akzeptieren das europäische Währungssystem nicht. Mit dieser Vermischung von Ton und Erz ist einerseits die Beziehung der europäischen und nichteuropäischen Staaten gemeint, und andererseits die Tatsache, dass einige EU-Staaten über den Euro verfügen und andere wiederum nicht. Letztere werden zu einer Befürwortung des Europäischen Währungssystems aufgefordert, was aus gutem Grund anhaltend abgelehnt wird. Die sich in der Krise befindenden Europastaaten bedürfen dringend eines Hoffnungsträgers und Retters, der ihnen die Lösung verheißt. Dieser Weltdiktator, der in Autorität und Vollmacht auftreten wird, hat das Format eines Adolf Hitler. Er wird bestimmen, was stattfindet. Mit dem Slogan „Antichrist" wissen viele nicht, was gemeint ist. Dieser Antichrist, von dem in der Heiligen Schrift geschrieben steht, ist quasi ein „Friedensbringer" und „Endzeitmessias", der versucht, die Welt in Ordnung zu bringen.

Die erste Hälfte des tausendjährigen Reiches, also die zwölf Jahre der Amts- und Regierungszeit Adolf Hitlers, wie auch immer, stand unter der Rubrik „Aufbau". Zuerst war ein großer Fortschritt sichtbar. Suppenküchen, Volkswagen und Eigenheime wurden zum Leben erweckt. Der schlagartig entstandene Westwall kam hinzu. Erst im Nachhinein entwickelte sich der große Boom, als sich die Politik des Diktators wider die Juden richtete und sie in Massenabfertigungen hingerichtet wurden. Adolf Hitler vertrat die Ansicht, dass nur eine Rasse existieren könne, nämlich entweder die des deutschen oder die des jüdischen Volkes.

Der kommende Weltdiktator: Der Begriff „Antichrist" bezeichnet eine Person, die sich gegen den Vater, den Sohn und den Heiligen Geist sowie die Heilige Schrift und das darin enthaltene Gute stellt. Ihm zur Seite steht der so genannte „Falsche Prophet" als der falsche Führer, welcher die globale Einheitsreligion befürwortet. Der Papst setzt sich engagiert dafür ein, alle Weltreligionen zu vereinen. Der vorletzte Papst hielt einen Gottesdienst in Assisi *(s. Mittelitalien)* ab, währenddessen ein gemeinschaftliches Gebet für Weltfrieden von Muslimen und Buddhisten stattfand. Der Antichrist ist keine Neuerfindung. Er lebt schon seit den Tagen des Paulus. Es steht geschrieben: **Der Frevler aber wird kommen durch das Wirken des Satans mit großer Kraft und lügenhaften Zeichen und Wundern und mit jeglicher Verführung zur Ungerechtigkeit bei denen, die verloren werden. Denn sie haben die Liebe zur Wahrheit nicht angenommen, dass sie gerettet würden. Und darum sendet ihnen Gott die Macht der Verführung, dass sie der Lüge glauben, auf dass gerichtet werden alle, die der Wahrheit nicht glaubten, sondern Lust hatten an der Ungerechtigkeit (2 Thess 2,9-12).** Dieses Wort sagt aus, dass der Gesetzeswidrige nicht in der Kraft des Herrn kommt! So wie Christen ihre Macht, Stabilität und Autorität durch den Heiligen Geist empfangen, bezieht jener Lügenapostel seine Macht von Satan und gaukelt all jenen etwas vor, die keine ganze Sache mit dem Herrn Jesus Christus machen. Dieser Dieb versucht, die Menschheit zu einen. Er tritt als Wunderwirker auf, z. B. als Luft- und Wasserverbesserer. Außerdem wird er alle, die da verlorengehen, betrügen und zur Ungerechtigkeit verführen. Sie gehen verloren! Weil sie sich der Liebe und der Wahrheit verschlossen, gab Gott ihnen kräftige Irrtümer.

Wenn ich die Welt betrachte, erkenne ich, dass sich Christen aller Determinationen, sogar Pfingstler und Charismatiker, der Wahrheit immer mehr verschließen. Sie lassen sich verführen! Die evangelischen Kirchen sind leer, nur einige katholische existieren noch, und zwar aus folgendem Grund: Einerseits, weil der Papst darüber wacht, und andererseits, weil sie das Staatsregime fördern, befürworten und unterstützen.

Die Wirtschaft Europas „steht auf dem Kopf", aufgrund des Austritts Großbritanniens aus der Europäischen Union, und auch wegen dem Staatspräsidenten der Türkei namens Recep Tayyip Erdoğan, der sich dazu entschied, seinen eigenen Plan zu verwirklichen. Man sah sich veranlasst, die NATO-Station aus der Türkei nach Jordanien zu verlegen. In Syrien befinden sich zwei NATO-Staaten im Kriegszustand! Das Abendland wird systematisch von den Muslimen übervölkert, was katastrophal ist! Ich betone, dass ich nichts gegen die Moslems habe!, aber dahinter ist ein Trend, eine Bewegung, ja ein System! Derzeit findet eine Überflutung Europas durch zig Immigranten statt! Diese Muslime suchen keinesfalls nur eine Wohnung und eine Arbeit oder Einkommen, sondern sie bringen auch ihre Religion und ihren Antisemitismus mit, was verheerende Auswirkungen, ja geradezu eine Explosion bewirkt! Die jungen Männer, welche in ihrem Land aufwuchsen, bringen ihre eigenen Ansichten, Überzeugungen und religiösen Gepflogenheiten mit. Ein Muslime z. B. wird sich nicht so einfach die Hand von einer Ärztin auflegen und sich untersuchen lassen, da er durch ein derartiges Vorgehen von dieser weiblichen Person kultiviert werden würde! Die Muslime und unser Volk sind ein Bild auf die zuvor erwähnte Vermischung von Erz bzw. Eisen und Ton! Daraus entspringt ein völlig anderes System! Europa steht kurz vor dem Zerbruch!

Der Antichrist ist der lang ersehnte „Heilsbringer", welcher der Heiligen Schrift zufolge ein Jude und ein König sein wird. Der Antichrist wird aus dem Judentum hervorgehen. Er wird Adolf Hitler an Kühnheit, Macht und Erhabenheit gleichen, und er wird sich in den Tempel setzen. Oft fragte ich mich, welcher eigentliche Grund denn dafür besteht, dass die Juden dem Antisemitismus gegenüber so hilflos ausgeliefert sind. Der jüdische Mensch weiß tief in seinem Inneren, dass der Antichrist kommen und ihn gefangennehmen wird, und auch, dass er sehr gefährlich ist. Das ist der eigentliche Grund dafür, dass das jüdische Volk versucht, den Antisemitismus zu unterdrücken, der überwiegend aus dem Islam kommt. Die Immigranten kommen mit genau dieser Einstellung ins Landesinnere! Dieser verheißene Messias kommt, ob man will oder nicht. Er bricht nicht durch die Macht des Herrn, sondern durch die Macht Satans hervor!

Dieser starke Zuwanderungsstrom war unkontrolliert. Der Umstand, wieso diese Entscheidung durch Angelika Merkel getroffen werden konnte, ist undurchsichtig, umstritten und dubios! Die Regierungsspitzenkandidaten Helmut Kohl, Helmut Schmidt und Gerhard Schröder hätten ohne Zustimmung des Parlaments niemals dergleichen veranlassen können! Sie waren befugt, die Grenzen zu öffnen sowie die Flüchtlinge ins Land aufzunehmen! Gerade jetzt findet eine Debatte statt, wer der Verursacher von der nunmehr im Land vorherrschenden Misere ist. Dass Flüchtlinge aufgenommen werden sollten, ist keine Frage, aber hier fand etwas Rechtswidriges statt! Die Nachbarländer wehren sich gegen diesen massiven Zustrom! Die Kanzlerin führte unser Land in eine Sackgasse! Der daraus entstandene Schaden ist unwiderruflich! Die Flüchtlinge entsorgen vorsorglich und ganz bewusst willentlich ihre Identitätsdokumente und Pässe. Die Geschichte bestätigt das verkündigte Wort Gottes. In der Bibel wurde diese Situation Jahrtausende zuvor vorausgesagt!

Der Antichrist wird einen Bund mit den Juden schließen. Er wird hier auf Erden für scheinbar paradiesische Zustände sorgen und „den neuen Menschen" verwirklichen. Das ist eine Realität, die bereits von Jesus angekündigt und proklamiert wurde! Dieser mächtige „Patron" ist Satan in Menschengestalt! Seine Worte werden auf fruchtbaren Boden fallen. Er wird reden wie ein „Lamm" und fungieren wie ein „Drache". So steht es in der Heiligen Schrift (vgl. 2 Thess 2,9-10a). Er wird einen beträchtlichen Teil der Welt ins Verderben stürzen und die Menschheit verführen. Das

Wort des Herrn, welches gemäß der Überlieferung aus der Heiligen Schrift offenbar wurde und nachfolgend niedergeschrieben ist, lautet: **Wenn aber der Menschensohn kommen wird in seiner Herrlichkeit und alle Engel mit ihm, dann wird er sich setzen auf den Thron seiner Herrlichkeit, und alle Völker werden vor ihm versammelt werden. Und er wird sie voneinander scheiden, wie ein Hirt die Schafe von den Böcken scheidet, und wird die Schafe zu seiner Rechten stellen und die Böcke zur Linken (Mt 25,31-33).** Eine andere Übersetzung spricht anstelle der *„Böcke"* von *„Ziegen"*. Dieser starke Mann aus den Reihen der Israeliten wird aus dem Nichts hervortreten wie ein Komet. Er wird ein Herrscher und Welteroberer wie Adolf Hitler sein, agieren und keinerlei Nachsicht zeigen. Er benützt die Technik der Überwachung und Kontrolle. Du wirst bereits heute überall aufgrund deines Smartphones geortet. Alle deine Reaktionen werden beobachtet. Dergleichen gab es früher nicht.

Meine Äußerung, dass der Antichrist aus dem jüdischen Volk hervorgeht, werde ich ganz konkret biblisch begründen: Israel wird keine Person aus den Nationen und Völkern, sprich, einen Heiden, akzeptieren oder gar annehmen. Es muss somit zwingend ein Jude sein, denn in der Heiligen Schrift steht, dass dieser Mensch angenommen und akzeptiert werden wird. Jesus äußert hier ganz klar und eindeutig, was nachfolgend geschrieben steht: <u>Ich bin gekommen in meines Vaters Namen, und ihr nehmt mich nicht an.</u> **Wenn ein anderer kommen wird in seinem eigenen Namen, den werdet ihr annehmen (Joh 5,43).** Die Juden werden keinen Heiden anerkennen. Wie wird sich der jüdische Antichrist outen? Dazu finden wir die folgende Schriftstelle, die geschrieben steht, siehe hier: **Er wird sich auch nicht um den Gott seiner Väter kümmern, noch um die Sehnsucht der Frauen, überhaupt um gar keinen Gott, sondern gegen alle wird er großtun (Dan 11,37** <u>SLT</u>**).** Daraus tritt zutage, dass das jüdische Volk überhaupt kein Interesse an dem Gott ihrer Vorfahren hat. Dieser Gefolgsmann Satans wird ein Atheist sein. Erstaunlicherweise waren gerade die Zionisten durchweg vom Atheismus durchdrungen! Atheismus, insbesondere der Kommunismus, lässt sich vom Zionismus ableiten, der vom Judentum geprägt war. Revolutionäre Führer wie Karl Marx, Leo Trotzki und Rosa Luxemburg stammen aus dem Judentum. Was ist denn mit der Textpassage *„noch um die Sehnsucht der Frauen"* gemeint? Das Begehren der jüdischen Frau, ist es, den Messias zur Welt zu bringen! Doch dieses tiefe, innere Verlangen wehrt er ab! Der Herr spricht, was nachfolgend geschrieben steht: **<u>Nicht weicht das Zepter von Juda noch der Herrscherstab zwischen seinen Füßen weg, bis dass der Schilo kommt, dem gehört der Gehorsam der Völker (1 Mose 49,10 ELB).</u>** Die Textpassage *„bis dass der Schilo kommt"* bedeutet, dass das Zepter samt seiner Herrschaft solange nicht von Juda weichen wird, bis der Heiland kam! *„Schilo"* wird als *„die Hütte Gottes"* bezeichnet. Hier diente Samuel. Der Begriff *„Schilo"* beinhaltet außerdem Worte, wie die folgenden: „Der die Ruhe Gottes Bringende", „der Frieden Schaffende" oder, wie bereits erwähnt, *„die Hütte Gottes"*. (Siehe Offb 21,3a) Der wahre Friedefürst ist Jesus Christus! Die Herrschaft wird Juda solange nicht genommen werden, bis Schilo, der wahre Messias, Einzug hält!

Die Geschichte demonstriert, dass der Jude immer wieder versuchte, an die Weltherrschaftsspitze zu gelangen, entweder durch sein Vermögen oder durch wissenschaftliche, aufsehenerregende Erkenntnisse. Doch der Herr betrachtet den *„Feigenbaum"* und macht die Frage vernehmbar: „Wo ist die Frucht?" So oft Er auch sucht, Er findet sie nicht. Dieser Feigenbaum wurde verflucht (s. Mk 11,13f.). Beiläufig erwähnte Er: „Israel, dein Haus wird wüst bleiben." (Siehe Mt 23,38) Der Kommunismus ist ein jüdisches Konstrukt!, denn bevor Adolf Hitler seine Macht antrat, äußerten die Juden: „Hier sind wir zu Hause! Hier sind wir gewollt!" Sie halfen mit, Deutschland wiederaufzubauen! Ich denke nur an Mendelssohn und dergleichen. Juden versuchten, in Deutschland ansässig zu werden. Sie übten ihren Einfluss aus. Seit eh und je akzeptieren sie niemanden, der aus den Nationen kommt! Das Buch der Offenbarung enthält die Verkörperung durch zwei Tiere. Das eine steigt aus dem Meer auf, und das andere kommt vom Land her. Der Antichrist bricht auf dem Landweg herein, denn die Juden wurden zerstreut unter alle Völker. Das ist das Schicksal des jüdischen Volkes. Laut der Heiligen Schrift wird es so lange unter den Nationen verweilen, bis die Zeit der Heiden vorbei ist. Nachdem das stattfand, sammelt der Herr selbst Sein Volk. Doch sie gingen in eigener Macht heim! Erst nachdem die Gemeinde entrückt wurde, wendet sich der Herr Seinem Volk zu.

Geistliche Leiter werden fallen! Sie werden verführt werden und den Weg für den Antichristen vorbereiten! Das ist ein Fakt (s. Offb 13,7a). Besonders evangelische Leiter bewirkten viel Negatives. Das Freimaurertum kommt daher. Die evangelischen Reformierten wandten sich gegen die Katholische Kirche und verhöhnten sie mit Worten wie: „Wir haben keinen Gott, Papst oder geistlichen Führer nötig!" Auf diese Art und Weise entwickelte sich das Freimaurertum. Zu allen Zeiten arbeitete diese weltweite Vereinigung an der Zerstörung der Kirchen. Diese Aussage wird durch das bereits verkündigte Wort Gottes bekräftigt, welches geschrieben steht, siehe hier: <u>Der Frevler aber wird kommen durch das Wirken des Satans mit großer Kraft und lügenhaften Zeichen und Wundern und mit jeglicher Verführung zur Ungerechtigkeit bei denen, die verloren werden. Denn sie haben die Liebe zur Wahrheit nicht angenommen, dass sie gerettet würden. Und darum sendet ihnen Gott die Macht der Verführung, dass sie der Lüge glauben, auf dass gerichtet werden alle, die der Wahrheit nicht glaubten, sondern Lust hatten an der Ungerechtigkeit (2 Thess 2,9-12).</u> Weil sie die Wahrheit nicht annahmen, gab Gott ihnen kräftige Irrtümer! Zurück bleiben tote Kirchen, zerbrochene Menschen, entzweite Ehen und gestörte Persönlichkeiten! Die Kirchen bahnen dem Antichristen den Weg. Sie predigen Toleranz und Offenheit allem und jedem gegenüber.

Die Gemeinde des Herrn existiert noch!, sogar in unserer Stadt. Das Wort des Herrn, welches gemäß der Überlieferung aus der Heiligen Schrift offenbar wurde und nachfolgend niedergeschrieben ist, lautet: **Ich weiß, wo du wohnst: da, wo der Thron des Satans ist; und du hältst an meinem Namen fest und hast den**

Glauben an mich nicht verleugnet (Offb 2,13) usw. Und dann: Siehe, ich habe vor dir eine Tür aufgetan, die niemand zuschließen kann; **denn du hast eine kleine Kraft und hast mein Wort bewahrt und hast meinen Namen nicht verleugnet (s. Offb 3,8b).** Hierzu eine kleine Geschichte: Vierzehn Tage nachdem die Mauer gefallen war – damals lebten wir nahe dem Brandenburger Tor – fand im Foyer des Pergamonmuseums ein Gastmahl mit Empfang namhafter Persönlichkeiten statt. Das dort servierte Gericht wurde „Resurrection" bzw. „Auferstehungsmahl" genannt. Der Geist des Pergamon auferstand! Das tote Christentum liefert sich dem Antichristen aus und hängt ihm an. Die biblischen Konturen sind klar erkennbar: Nationale und religiöse Grenzen werden verwischt und alle Ideologien miteinander verbunden. Eine übergeordnete, zentrale Gewalt mit Sitz in Brüssel wird erstarken. Der Antichrist „leitet ein Orchester". Die Nationalstaaten werden daran gehindert, ihren Einfluss geltend zu machen. Ihnen wird durch die Macht aus höchstem Regiment befohlen, was sie zu tun haben. Aus dem Wort Gottes geht hervor, dass *„ein anmaßender und hinterlistiger König"* auftreten wird (s. Dan 8,23b GNB). Es ist ein König mit wildem Antlitz. Europa wird per Dekret regiert werden. Adolf Hitler begann seinen Herrschaftsantritt erst, nachdem zuvor über Nacht per Dekret alle Gesetze außer Kraft gesetzt worden waren. So wird die Welt kontrolliert und beherrscht werden in der Zeit des Antichristen. Die Leute werden voller Begeisterung „Heil!" rufen. Der Mensch ohne den Heiligen Geist ist blind. Er geht in die Irre, weil er die Wahrheit nicht erkennt (s. 1 Kor 2,14).

Das Wort des Herrn, welches gemäß der Überlieferung aus der Heiligen Schrift des Weiteren offenbar wurde und nachfolgend niedergeschrieben ist, lautet: **Er ist der Widersacher, der sich erhebt über alles, was Gott oder Heiligtum heißt, sodass er sich in den Tempel Gottes setzt und vorgibt, er sei Gott (2 Thess 2,4).** Und dann steht geschrieben: **Und es bewirkt, dass allen, den Kleinen und den Großen, den Reichen und den Armen, den Freien und den Knechten, ein Malzeichen gegeben wird auf ihre rechte Hand oder auf ihre Stirn, und dass niemand kaufen oder**

verkaufen kann als nur der, welcher das Malzeichen hat oder den Namen des Tieres oder die Zahl seines Namens. Hier ist die Weisheit! Wer das Verständnis hat, der berechne die Zahl des Tieres, denn es ist die Zahl eines Menschen, und seine Zahl ist 666 (Offb 13,16-18 SLT**).** Ohne die Technik sind wir handlungsunfähig. Alles wird per Computer überwacht, geplant und kontrolliert. Menschen werden wie Vieh behandelt und erhalten ein Brandmal. Personen ohne diesem Stigma werden diskriminiert und dürfen weder kaufen noch verkaufen. Alles geschieht per Dekret unter dem Deckmantel des Friedens, der Sicherheit und der Rechtsstaatlichkeit und wird mit dem Vorwand in Zusammenhang gebracht, den Terrorismus Einhalt zu gebieten.

Durch diese Per-Dekret-Strategie ist Europa auf dem Weg zur Diktatur. Die EU erwartet ein absolutistisches Herrschaftssystem. Voraussetzung ist ein riesiges Reich, in dem alles gut organisiert, strukturiert und erfasst ist. Sämtliche nationalen Parlamente werden befugt, ihre Macht niederzulegen, aber die Völker verweigern sich dieser Verordnung. Die Deutschen üben Verzicht! Der deutsche Staat ist rechtlos! Die Entscheidungen kommen aus den beiden EU-Parlamenten Brüssel und Straßburg. Die Massenmedien gewöhnen uns an das von oben Diktierte. Mit jedem Mal, da der Bürger eine Information vernimmt, wird es für ihn selbstverständlicher, bis er diesen Beschluss letztendlich annimmt und für wahr hält. Immer mehr Nationen, z. B. Ungarn, lehnen diese Handhabung ab und wehren sich. Es werden Klagen gegen den ungarischen Ministerpräsidenten Viktor Orbán laut, wegen seiner Anordnung der Grenzschließung, die den Flüchtlingen Einhalt gebietet und Investitionen stoppen soll. Die Völker Europas lehnen sich gegen die von oberster Instanz aus geführte Regierungspolitik auf. Brexit heißt Aus! Die Engländer wollen diesem Machtregime nicht länger unterwürfig sein. Die Völker, insbesondere Italien, lehnen sich gegen diesen Europakult auf. Aber die Eliten, die oberen Zehntausend, befürworten diese Entwicklung, weil sie sich dadurch finanzielle Stabilität erhoffen.

Europa befindet sich in einer Krise und proklamiert Zusammenhalt, eine Armee, ein Finanzamt bzw. ein Bankinstitut, um die Schulden besser regulieren zu können. Solches geschieht aufgrund der infamen Machtpolitik des amerikanischen Präsidenten Donald Trump. Der Bürger soll noch mehr versklavt und entrechtet werden. Die Politiker beschließen eine gemeinsame Haushaltspolitik. Lies die Zeitung und informiere dich. Darin stehen Slogan wie z. B. die folgenden: „Wir benötigen eine Politische Union und eine eigene Militärgarde, auf die Europa bauen kann“ oder „Europa braucht einen gemeinsamen Start, gleich der Vereinigten Staaten von Amerika“ u. a. Staats- und Regierungschef Donald Trump ist ein „Komet“, der ganz Europa unter Druck setzt. Die Bundeskanzlerin korrespondiert mit den USA, um eine friedliche Lösung zu finden, doch sie bleibt aus. Durch die angeordneten Sanktionen gegen Russland wurden viele Länderreihen Amerikas abhängig gemacht. Diese Notsituation nützt Donald Trump gnadenlos aus und erhebt Strafzölle. Er warnt davor, sich in Geschäfte mit den Russen einbinden zu lassen und behauptet, dass eine Gefahr daraus erwachsen würde. Die Zwänge der Krise werden Europa zu einem Bundesstaat machen! Daran hege ich keinen Zweifel. Sie werden alles „zusammenschmelzen“ und daraus eine Einheitspolitik machen. Aufgrund dieses „Schocks aus den USA“ sehen sie sich zu einem gemeinsamen, entschiedenen Handeln gezwungen. An dieser Stelle angelangt, tritt nunmehr bald dieser große, starke Mann namens Antichrist in Erscheinung, der den Überblick hat und berede ist. Angst mag vielleicht ein schlechter Ratgeber sein, ist aber andererseits ein guter Verkäufer. Impfstoffe – ich erinnere nur an die Schweinegrippe – Atomausstieg u. a., das alles benützt man, um den Finanzhaushalt aufzustocken. Widerwillig fährt Europa den Kurs der Einigkeit, um sich gegen die Weltherrschaftsmachtansprüche eines Donald Trump zu währen.

Nach dem Fall der Berliner Mauer besuchten mich zwei rumänische Pastoren. Einer von beiden schrieb in etwa siebzig Bücher an der Zahl. Während einer Stadtbesichtigung machten wir direkt vor dem Reichstagsgebäude einen Stopp.

Plötzlich begann einer der beiden Brüder zu weinen. Ich fragte ihn, was denn geschehen sei und er erwiderte: „Der Herr sprach gerade zu mir, dass von diesem Gebäude Unheil ausgehen würde." Lange dachte ich darüber nach, bis ich zu folgender Erkenntnis kam: Das Heilige Römische Reich Deutscher Nationen währte eintausend Jahre. Das war das Erste Reich. Das Zweite Reich unter Otto von Bismarck und dem Preußenkönig hatte nur kurze Zeit Bestand. Wir erfuhren das Dritte Reich unter dem Hitlerregime. Und nun äußerte einer meiner rumänischen Brüder, nachdem der Herr zu ihm gesprochen hatte, dass von diesem Regierungssitz erneut Unheil ausgehen würde. Wir entwickeln uns in die Richtung, das Vierte Reich zu werden! Dieser Entwicklungsprozess findet unaufhörlich statt und ist nicht mehr aufzuhalten! Der Europäische Währungsfonds stellt jenes Vierte Reich dar. Die Europäische Gemeinschaft beschloss man im Jahr 1957 in Rom. Diese sogenannten Römischen Verträge werden heutzutage erneut verfasst! Das Ende findet zum Anfang zurück. Die EU stellt „das vierte Tier" dar, auf das ich im weiteren Verlauf noch ganz ausführlich eingehen werde. Der Herr offenbart uns durch Sein Wort, was nachfolgend geschrieben steht: **<u>Aber es ist ein Gott im Himmel, der Geheimnisse offenbart. Der hat dem König Nebukadnezar kundgetan, was am Ende der Tage geschehen soll (Dan 2,28a+b).</u>** Der Textauszug *„am Ende der Tage"* bedeutet, dass es nicht etwa zu seinen Lebzeiten geschieht, sondern gerade derzeitig im Hier, Jetzt und Heute! Dieser Traum hat eine Bedeutung für uns und unsere Zeit!

Die vier Weltreiche: Es nahm seinen Anfang mit dem Reich der Babylonier – Nebukadnezar war dessen Repräsentant – abgelöst von dem Medo-Persischen Reich, gefolgt von Griechenland und Rom. Gib Acht!, denn genau so, wie er es im Traumbild sah, geht es in Erfüllung. Das ist keine Erfindung, sondern ein Tatsachenbericht! Es war sogar ein Teil des Römischen Reiches, siehe das weströmische und das oströmische Reich. Es wurde prophezeit, dass dieses Reich uneins sein würde. Das Wort des Herrn, welches gemäß der Überlieferung aus der Heiligen Schrift offenbar wurde und nachfolgend niedergeschrieben ist, lautet: **<u>Du,</u>**

König, König aller Könige, dem der Gott des Himmels Königreich, Macht, Stärke und Ehre gegeben hat und dem er alle Länder, in denen Leute wohnen, dazu die Tiere auf dem Felde und die Vögel unter dem Himmel in die Hände gegeben und dem er über alles Gewalt verliehen hat! Du bist das goldene Haupt. Nach dir wird ein anderes Königreich aufkommen, geringer als deines, und dann ein drittes Königreich, das aus Bronze ist und über alle Länder herrschen wird. Und das vierte Königreich wird hart sein wie Eisen; denn wie Eisen alles zermalmt und zerschlägt, so wird es auch alles zermalmen und zerbrechen. Dass du aber die Füße und Zehen teils von Ton und teils von Eisen gesehen hast, bedeutet: Das wird ein zerteiltes Königreich sein; doch wird etwas von des Eisens Härte darin bleiben, wie du ja gesehen hast Eisen mit Ton vermengt. Und dass die Zehen an seinen Füßen teils von Eisen und teils von Ton sind, bedeutet: Zum Teil wird's ein starkes und zum Teil ein schwaches Reich sein (Dan 2,37-42). Es wird uns also vorausgesagt, dass am Ende der Tage das Römische Reich, dieses letzte antichristliche, wieder entstehen wird.

Im Buch Daniel Kapitel 7 sind wir Deutschen abermals angesprochen. Da kommen vier Lebewesen in Tiergestalt in Betracht. Wir sehen in der Prognose die Endzeit betreffend ein Tier, das keine Definition aufweist. Die erste Gestalt, ein Löwe mit Adlerflügeln, stellt das Babylonische Reich dar. Der Bär steht für das Medo-Persische Reich, der Leopard mit den vier Flügeln ist ein Sinnbild auf das Griechische Reich mit Alexander dem Großen, der die Weltreiche eroberte, und das vormals erwähnte vierte Tier, welches furchteinflößend anzusehen ist mit seinen starken, eisernen Zähnen. Das tritt aus dieser Schriftstelle zutage, die geschrieben steht, siehe hier: **Danach sah ich in diesem Gesicht in der Nacht, und siehe, ein viertes Tier war furchtbar und schrecklich und sehr stark und hatte große eiserne Zähne, fraß um sich und zermalmte, und was übrig blieb, zertrat es mit seinen Füßen. Es war auch ganz anders als die vorigen Tiere und hatte zehn Hörner. Als ich aber auf die Hörner achtgab, siehe, da brach ein anderes kleines Horn zwischen ihnen**

hervor, vor dem drei der vorigen Hörner ausgerissen wurden. Und siehe, das Horn hatte Augen wie Menschenaugen und ein Maul; das redete große Dinge (Dan 7,7f.). Das ist die Vision Daniels, die einen erheblichen Unterschied zu sämtlichen seiner vorherigen Visionen aufweist! Die zuvor gesichteten Tiere waren Königreiche mit der Staats- und Regierungsform einer Monarchie, alle weiteren sind ein Bild auf Republik und eine von Menschen verursachte, demokratische Staatsform. Die Textpassage *„Augen wie Menschenaugen"* steht für Kontrolle und Überwachung – von Staatenkontrolle wird hier gesprochen –, und diese *„und ein Maul; das redete große Dinge"* ist ein Hinweis auf das prahlerisch-vermessene Tun. Im Neuen Testament erscheint das vierte Tier erneut. Dessen vier Hörner werden wie folgt beschrieben: **Und ich sah eines seiner Häupter, als wäre es tödlich verwundet, und seine tödliche Wunde wurde heil. Und die ganze Erde wunderte sich über das Tier (Offb 13,3).** Die ganze Welt staunte und fragte sich, wie eine Wiedervereinigung möglich sein konnte. Die Berliner Mauer fiel. Ein Bild auf die *„tödliche Wunde".* Das alte Römische Reich von damals entstand wieder von Neuem in Alt-Europa! Am Ende der Tage widerfuhr Heilung! Genau das ist die Schaffung der Europäischen Union. Im Jahr 1957 wurde das Vierte Reich installiert, welches zunächst als die „Montanunion einer Wirtschaftsmacht" bezeichnet wurde. Doch das eigentliche Ziel war Streben nach politischer Macht.

Das Tier mit den zehn Hörnern erscheint abermals. Das Wort des Herrn, welches gemäß der Überlieferung aus der Heiligen Schrift offenbar wurde und nachfolgend niedergeschrieben ist, lautet: **Und er brachte mich im Geist in die Wüste. Und ich sah eine Frau auf einem scharlachroten Tier sitzen, das war voll lästerlicher Namen und hatte sieben Häupter und zehn Hörner (Offb 17,3).** Die ersten Staaten, welche damals Bestandteil dieser Montanunion wurden, waren zehn an der Zahl und als „der Londoner Zehnmächtepakt" bekannt. Dieser setzte sich aus den Ländern Belgien, Dänemark, Frankreich, Irland, Italien, Luxemburg, der Niederlande, Norwegen, Schweden und Großbritannien zusammen. Diese zehn

Staaten bildeten gemeinsam den Europarat und existierten als Völkerbund nebst Statut. Diese Staaten gingen vereint und entschieden vor. Dieser Völkerbund versagte zwar, „doch nun", sagten sie sich, „gehen wir vorwärts!"

Außerdem geht aus dem Wort Gottes hervor, was nachfolgend geschrieben steht: **Das schautest du, bis ein Stein herunterkam, ohne Zutun von Menschenhänden; der traf das Bild an seinen Füßen, die von Eisen und Ton waren, und zermalmte sie. Da wurden miteinander zermalmt Eisen, Ton, Bronze, Silber und Gold und wurden wie Spreu auf der Sommertenne, und der Wind verwehte sie, dass man sie nirgends mehr finden konnte. Der Stein aber, der das Bild zerschlug, wurde zu einem großen Berg und füllte die ganze Welt (Dan 2,34f.).** Ein Stein, der sich losriss, löste eine Lawine aus. Das geschah ohne Dazutun einer Person, was wiederum bedeutet, dass weder eine Bombe noch ein Sprengkopf gezündet wurde. Die Textpassage *„Der Stein aber, der das Bild zerschlug"* ist bemerkenswert! Dieser Steinbrocken – was auch immer damit gemeint ist – ist ein Indiz auf die „Schicksalsstunde Europas" und meint das antichristliche Reich. Vor Europa tut sich der Abgrund auf! Aus meiner Sicht neigt sich die Gnadenzeit Europas bzw. des Westens dem Ende zu! Deshalb sollten wir die Zeichen der Zeit wahrnehmen und erkennen, wie spät es an der Weltenuhr Gottes ist!

Durch Druck entsteht das Vierte Reich! Die Staaten Europas werden unmerklich vereinnahmt, unabhängig davon, ob sie wollen oder nicht, denn dem Tier wurde Macht übertragen, wie nachfolgend geschrieben steht: **Diese sind eines Sinnes und geben ihre Kraft und Macht dem Tier (Offb 17,13).** Um des lieben Friedens willen entstand die Montanunion. So begann alles. Was die Menschen nicht alles um des lieben Friedens willen veranlassen! Europa befindet sich inmitten eines riesengroßen Kampfgeschehens! Betrachte dessen Fronten! Diese Fronten stellen China und Russland, die alte und die neue Welt, dar. Dasselbe gilt für Amerika und Europa. Die Welt steht „im Tal der Entscheidung". Alle Menschen sind betroffen, aber nur wenige von ihnen nehmen diese Veränderung wahr. Sie sagen: „Es geht uns doch blendend! Wir leben im Wohlstand!" Das ist Verblendung pur! Die Politiker sind zutiefst verunsichert, weil sie machtlos sind. Deutschland wird ausgenützt! Wenn „Not am Mann" ist, dann heißt das, dass „der deutsche Michel" hilf! Allgemeine Hilflosigkeit macht sich breit, die solange andauert, bis dieser Diktator triumphierend Einzug hält. Ihm wird alles übertragen, weil er vorübergehend Erleichterung verschafft. Damals empfing Europa Adolf Hitler mit offenen Händen. Er setzte sich per Dekret durch. Die vielen Flüchtlinge tragen dazu bei, dass abermals eine schwere Krise ins Land zieht. Wie eine Sintflut werden die deutschen Staatsbürger überschwemmt und dahingerafft, sodass ihnen angst und bange werden könnte. Landein- und auswärts werden Hassreden gegen Rassen und Religionen laut, die im Chaos enden. Deutschland ist hochzivilisiert. Alles ist vorhanden auf dem Sektor der Wissenschaft und Technik. Aufgrund der guten Versorgung werden wir nachlässig und träge. Wohlstand ist der Leute Verderben!

Die Zivilisation hat ein Stadium der Überreife erreicht. Das Wort des Herrn, welches Er uns hier zuträgt, lautet wie folgt: **Du sprichst: Ich bin reich und habe mehr als genug und brauche nichts! (Offb 3,17a)** Christen, die begeistert für den Herrn brennen, und die sagen sollten „Herr Jesus, komme bald!", wurden lau und träge! Wer betet heute noch „Maranata! Herr, sei uns gnädig!" und „Herr, komme bald!" Das tun höchstens einige Wenige, die im Sterben liegen und darauf warten, dass der Heiland sie abholt. Durch Bequemlichkeit holen wir unsere eigenen Feinde ins Haus. *„Schaffet, dass ihr selig werdet, mit Furcht und Zittern"*, lautet das Wort des Herrn (s. Phil 2,12b). Wache auf! Es ist später als du denkst! Die klugen und törichten Jungfrauen schliefen ein! Das ist ein Bild auf die Gläubigen. Sie waren jung, bekehrt, besaßen Öl, und dennoch wachten sie nicht. Wären da nicht die Herolde gekommen und hätten proklamiert, dass der Bräutigam naht, hätten sie das Ziel nicht erreicht. Die Bibel hat recht! Es ist spät! Was im Wort des Herrn über Europa und den Antichristen, sowohl über dessen Herkunft als auch über dessen Fortgang, bezeugt wurde, ist wahr. Die Geschichte wiederholt sich immer wieder, das ist klar, doch in der Endzeit werden wir stark erschüttert werden! Das Wort des Herrn lautet, wie nachfolgend geschrieben steht: **Und wenn jene Tage nicht verkürzt würden, so würde kein Mensch gerettet werden; aber um der Auserwählten willen werden diese Tage verkürzt (Mt 24,22).** Die Bibel prophezeit es. Und wären die Enthüllungen der Offenbarung auch gering, auch selbst dann, wenn nur eine einzige davon wahr wäre, so würde sich auch alles Weitere erfüllen. Das ist meine Philosophie und Einstellung.

Das Standbild des Nebukadnezar stellt ein Bild der Weltgeschichte in Miniatur dar, das eindeutig ist. Außerdem der Kommentar über die Zehen nebst der Worte, dass dieses Reich uneins sein wird (s. Dan 2,41a). Außerdem die Behauptung, dass Ton und Erz vermengt sind (s. Dan 2,41b). Betrachte Europa mit den verschiedenen Ländern, Kulturen und Sprachen! Bereits zwei verschiedene Nationen zu einen ist kompliziert. Das Einzige, was sie verbindet, ist das Währungssystem Euro. Kaufe die Zeit aus und suche den Herrn solange, bis du Ihn findest! Der Antichrist bewegt sich bereits! Er tritt die Nachfolge des Europaparlamentes an! Die Muslime tun ihre Absicht kund, dass sie den Staat Israel vernichten wollen. Wie schnell kann ein Anschlag auf den Tempelberg geschehen und von dort aus ein Skandal ausgelöst werden! In der Bibel wird eine Armee von 200 Millionen marschierenden Soldaten erwähnt (s. Offb 9,16). Viele waren der Meinung, dass damit die Chinesen gemeint seien. Aber es sind die Moslems. Es gibt beinahe 1,2 Mrd. Moslems, die sich nahe Jerusalem am Tempelberg niederließen. Über den Antichristen wird verkündigt, dass er sich über alles Heilige erheben und in den Tempel Gottes setzen wird (2 Thess 2,4). Im Nahen Osten wird die Geschichte entschieden! Hierzulande wird keine Bombe entzündet werden, aber dort findet etwas die Welt Bewegendes statt. Die Syrer, so geht es aus dem Wort Gottes hervor, werden nicht als Gefangene, sondern als Freie in andere Länder fliehen. Bevor Vater Abraham das Land Kanaan betrat, lebte er in Syrien. Die Geschichte schreitet fort. Kommt in den Gottesdienst, denn über dieses Thema werde ich sprechen *(s. Predigt: „Syrien in der biblischen Prophetie" vom 09.06.2018)*. Du stehst kurz vor deiner Erlösung, die vielleicht schneller kommt als du denkst! Wenn die Vollzahl der Nationen eingegangen ist, so die Botschaft des Evangeliums, wird der Herr die Seinen rufen. Das Wort des Herrn, welches gemäß der Überlieferung aus der Heiligen Schrift offenbar wurde und nachfolgend niedergeschrieben ist, lautet: **<u>Und es wird gepredigt werden dies Evangelium vom Reich in der ganzen Welt zum Zeugnis für alle Völker, und dann wird das Ende kommen (Mt 24,14).</u>** Evangelisation und Mission sind Endzeitzeichen. Wenn der letzten Person das Evangelium gepredigt wurde, wird der Herr die Seinen rufen. Du weißt nicht, wann und wo sich der letzte Heide bekehrt. Und ich stehe auf dem folgenden Standpunkt: Warum müssen wir vom dritten und vierten Segen hören, wenn es Menschen auf dieser Welt gibt, denen noch nicht einmal das erste Kommen Jesu bewusst ist! Wir stehen vor der Entrückung! Der Herr wird die Seinen rufen. Wirst du dabei sein? Werde ich dabei sein? Sage nicht: „Ach, der Herr wird das schon tun!" Entschieden sage ich dazu Nein! Setze selber alles daran! Es ist ernst! Die törichten Jungfrauen nahmen keinen Zusatzkanister von feinem Öl mit. Das ist ein Bild auf die leichtfertigen, lauen und trägen Christen, die sagen: „Ach, das ist doch nicht schlimm!" Sie stehen vor verschlossener Tür und der Herr spricht: *„Ich kenne euch nicht."* (Siehe Mt 25,10-12) Sie müssen durch die große Trübsal hindurchtreten. Auch diese Information gehört zu den prophetischen Themen, über die ich euch in Kenntnis setzen werde. Mit dem Antichristen geht eine große Trübsal einher, doch mittendrin wird der Herr die Seinen rufen. Das kann ganz schnell gehen.

In einer Zeltmission nahe Heilbronn predigte ich über das folgende Thema: Ich verkündigte: „Geschwister, kommt in meinen Gottesdienst, denn dort erfahrt ihr auf die Sekunde genau, wann der Herr wiederkommt!" Daraufhin warnte der Pfarrer der dort ansässigen Gemeinde die Gläubigen mit den folgenden Worten: „Geht bloß nicht zu dieser Zeltmission, denn dort ist ein Lügner! Er muss ein falscher Prophet sein, denn er gibt vor, die exakte Stunde der Wiederkunft Jesu zu wissen, obwohl das gar niemand wissen kann, so wie nachfolgend geschrieben steht: <u>Von dem Tage aber und von der Stunde weiß niemand, auch die Engel im Himmel nicht, auch der Sohn nicht, sondern allein der Vater (Mt 24,36).</u> Weichet von dannen!" Doch ich muss sagen, dass wir noch nie zuvor so viele Besucher hatten! Das Zelt war bis auf den letzten Platz gefüllt, weil sämtliche Gläubigen den „falschen Propheten" hören wollten, der ihnen offenbaren wollte, wann genau die Wiederkunft des Herrn Jesu sei. Ich teilte ihnen mit, dass der Herr die Seinen dann rufen würde, wenn der Ton der letzten Posaune erschallt (s. 1 Thess 4,16a). Da wir aber nicht wissen können, wann der Ton der letzten Posaune erschallt, sage ich dir: Mache dich bereit!

Gebet: Vater im Himmel, ich danke Dir für Dein Wort. Ich danke Dir, dass Du gegenwärtig bist und uns auf den Tag X vorbereitest. „Europa und der Antichrist" war mein heutiges Thema. Herr, die Zeit ist vorangeschritten. Wir befinden uns inmitten kritischer und teurer Zeiten. Herr, wir wissen um all diese Dinge und möchten bereit sein, wenn Du kommst. Wir möchten nicht so dahingerafft werden wie die Leute in den Tagen Noahs. Herr, mache Du unser Herz bereit! Hilf uns, dass wir die Zeichen erkennen und alles daran setzen, selig zu werden; nicht etwa nur, dass wir ein schönes Leben führen, sondern, dass wir gerettet werden und für die Stunde X bewahrt bleiben, die irgendwann eintrifft und geschieht. Das kann schon bald sein, schneller als wir denken. Danke, Herr Jesus. Amen

Teil 2

Predigt von Pastor Joh.W.Matutis

„Gog und Magog formieren sich"

Gog und Magog formieren sich

Wir sind in der Reihe „Was kommt auf uns zu?" Gog und Magog wird für viele ein fremdes Thema sein, da diese Völker als solches derzeit gar nicht mehr existieren. Heute werde ich diese Inhalte sowohl prophetisch als auch politisch behandeln und mit Gottes Hilfe in unsere Zeit, in unser Leben und in unseren Alltag, übertragen. Die Fronten verhärten sich! Die Zölle der Chinesen werden von den Amerikanern aufgestockt. Wir sind in den Endkämpfen! Etwas Neues ist im Werden! Schreckliche Kriegswirren und Blutvergießen, da Menschen einander bekämpfen, finden nicht mehr in einem solchen großen Ausmaß statt. Der „Dritte Weltkrieg" – wie sieht er eigentlich aus? Ganz anders! Es wird über Computer passieren, in der Fremde, in der Ferne. Es wird anders kommen als wir denken: klammheimlich, verborgen, still, schweigend, verdeckt und unmerklich, gleich dem ersten Kommen Jesu. Die Leute nahmen gar nicht wahr, dass Jesus geboren wurde. Die Frommen in Jerusalem erschraken und sprachen: „Was geschah? Wir hörten und sahen nichts!" Nur die wahren Gläubigen, die den Heiligen Geist hatten, kamen auf dessen Anregung. Sogar von weit her, aus dem fernen Osten, kamen die Weisen und sprachen: *„Wir haben seinen Stern aufgehen sehen".* (Siehe Mt 2,2b)

Die Faustregel, welche ich heute weitergeben möchte, beinhaltet die folgende Botschaft: Das Ende kommt zum Anfang zurück. So wie es in den Tagen Noahs war, wird es in unseren Tagen sein (siehe Lk 17,26). Genau das ist der prophetische Ansatz, auf den ich näher eingehen möchte. Schaut euch die Geschichte an. Viele Reiche gingen klammheimlich durch Klimakatastrophen, Hungersnöte, Pestilenz oder Verlegung der Handelsstraßen unter. Denkt an die Volksgruppen der Inka, Maya und Azteken. Die hochkultivierte Stadt der Nabatäer namens Petra im heutigen Jordanien besaß über mehrere Jahrhunderte hinweg eine Handelsstraße. Nachdem diese plötzlich, wider Erwarten, verlegt wurde, bestand für Händler und Kaufleute kein

Zugang mehr. Somit war diese Stätte dem Untergang geweiht! Heute nennt man sie „die Ruinenstadt".

Lasst uns über die biblische Geschichte „Der Turmbau zu Babel" nachdenken. Gott verwirrte die Sprachen und das ganze Vorhaben der Völker wurde zunichtegemacht. Auf einmal verstanden sie einander nicht mehr. So manch einer wird denken, dass Gott ein blutrünstiger Mörder sei, der es darauf absah, ganze Völkerstämme zu liquidieren. Doch nein! Es kommt nur anders als sie es sich dachten. Als Jesus die Stadt Jerusalem verließ und in den Himmel fuhr, stellten die Leute nur fest, dass die Predigten anders waren: „Jesus lebt", „Jesus hat Kraft", „Jesus heilt" usw. Das erlebten sie, ohne Jesus vor Augen zu haben. Die Zerstörung Israels samt Jerusalem und dem Tempel geschah vierzig Jahre nach diesen Ereignissen, doch begonnen hatte es damit, dass Jesus sprach, was nachfolgend geschrieben steht: **<u>Wahrlich, ich sage euch: Es wird hier nicht ein Stein auf dem andern bleiben, der nicht zerbrochen werde (Mt 24,2b).</u>** Jesus kommt zu einer Zeit, da niemand mehr von Seiner Wiederkunft spricht. Erschreckt nicht, wenn ich so frei bin, darüber zu predigen. Die Wiederkunft Jesu wird die Welt- und Heilsgeschichte beenden. Der Schöpfungsbericht, vom Schöpfungsbeginn bis zur Auferstehung und weiter bis zum Jüngsten Gericht, ist längst vorbereitet und beschlossen. Der Herr legte fest, was nacheinander stattfindet. Alles findet nacheinander statt, so wie wir nicht wahrnehmen, dass wir älter werden. Diese Veränderungen geschehen ohne unser Dazutun. Das Traumbild vom Standbild des König Nebukadnezar – die zehn Zehen, welche aus Ton und Erz, also uneins, sind – ist bedeutsam für Europa. Höre dir die Predigten an, die im Juni 2018 verkündigt wurden. Du kannst sie im Internet abrufen *(siehe z. B. die Predigten: „Deutschland in der biblischen Prophetie" vom 08.06.1918 und „Europa und der Antichrist" vom 06.06.2018).* Hier erfährst du mehr über das politische Geschehen unseres Kontinents. Ohne menschliches Dazutun wird dieser Götze zermalmt, wie im Buch Daniel der Heiligen Schrift aufgezeigt ist (s. Dan 2,34). Europa ist derzeit heftigen Erschütterungen ausgesetzt. Alles formiert sich neu. Die Politiker sind uneins. Es gibt heftigen Streit in der Flüchtlingsdebatte. Flüchtlinge werden hin und hergeschickt. Die Italiener verriegeln ihre Tore auch weiterhin. Die Umstrukturierung findet verdeckt und okkult statt. Plötzlich gibt es die Europäer, die Russen, die Chinesen und die Amerikaner nicht mehr. Klammheimlich verschwanden sie und man fragt sich: „Wo verbergen sie sich?" Gleich der Indianer existieren sie nicht mehr.

Alles hat bei Gott ein Ziel, heilsgeschichtlich betrachtet: Unsere Erlösung! Das Wort des Herrn, welches gemäß der Überlieferung aus der Heiligen Schrift offenbar wurde und nachfolgend niedergeschrieben ist, lautet: **Es werden Zeichen sichtbar werden an Sonne, Mond und Sternen und auf der Erde werden die Völker bestürzt und ratlos sein über das Toben und Donnern des Meeres. Die Menschen werden vor Angst vergehen in der Erwartung der Dinge, die über den Erdkreis kommen; denn die Kräfte des Himmels werden erschüttert werden. Dann wird man den Menschensohn in einer Wolke kommen sehen mit großer Kraft und Herrlichkeit. Wenn dies beginnt, dann richtet euch auf und erhebt eure Häupter, denn eure Erlösung ist nahe (Lk 21,25-28 EU).** Sinn der Heilsgeschichte ist die Offenbarung der Kinder Gottes, die mit der Erkenntnis einhergeht, dass Gott Recht hat. Ich glaube nicht an den Gott des Alten Testaments, der die Völker ausmerzt und die Ungläubigen bekämpft, wie es im Koran vermerkt ist. Er geht ganz anders vor: die Gottlosen, die laut Bibel wie Spreu (s. Ps 1,4) sind, rotten sich selbst aus. Der Wind weht sie hinweg und sie sind nicht mehr da. Man wird sich einst fragen: „Wo blieben sie?" Wo sind die Azteken, Inkas und Mayas? Wo sind all jene Hochkulturen, die Jahrhunderte lang die Welt beherrschten? Wo sind die Hetiter? Wo sind die Ägypter? Lediglich ihre Pyramiden kann man heute noch besehen, aber ihre Reiche gingen unter und ihre Sprachen existieren nicht mehr. Wo sind die Sumerer? Wo findet man sie?

Gog und Magog hat eine von Gott bestimmte Geschichte. Die Frage, welche mich heute bewegt, ist nicht das Weltende, sondern: „Was kommt als Nächstes?" Wie „greift ein Rädchen in ein anderes". Vorab möchte ich betonen, dass Gott um jede einzelne Menschenseele kämpft. Genau an diesem Punkt befinden wir uns. Der Herr kämpft um den Planeten Erde. In der Heilsgeschichte geht es immer um Gott und die Welt, und insbesondere um den Menschen, nicht um Deutschland. Wenn Leute zu mir kommen und sagen, wir wollen für Deutschland beten, dann frage ich immer wieder: „Was verbrach Deutschland?" Gewiss machten sie Dummheiten, doch die Amerikaner machten auch Fehler. Dann bete auch für die Amerikaner, denn sie rotteten die Indianer aus! Bete dann auch gleich noch für Russland, denn Josef Stalin brachte damals zig Millionen Menschen um! Jeder sollte zunächst einmal auf sich selbst blicken! Der deutsche Mensch sollte auf das Deutschtum blicken, auf sein Herz, damit er weiß, dass es für die Ankunft des Herrn bereitgemacht wurde. Sei im Zentrum des Willens Gottes und werde Seinem Auftrag gerecht! Achte auf den Heiligen Geist, und nicht darauf, was dir andere Leute zutragen.

Bei Seiner Ankunft wird Jesus Gog und Magog gefügig machen. Ich lese anschließend einige Bibelverse vor. Der Herr benützt die Politik, um Seine Geschichte zu machen. Manchmal denken wir, dass Gott sich nicht für Politik interessiert. Doch!, mehr als du denkst. Er will die Errettung der Menschheit. Alle sollen zur Erkenntnis der Wahrheit gelangen (s. 1 Tim 2,4). Wie wird Gott Gog und Magog benützen? Als Partner benützt Er Gog und Magog, um Sein Reich zu errichten. Die Regierungszeit Jesu wird eine Friedenszeit sein. Wir sangen soeben: *„Friedefürst, ewiger Vater"*. Jesus wird regieren! Es wird eine Zeit sein, da das Kind am Loch der Otter (s. Jes 11,8a) spielt, der Löwe Gras frisst (s. Jes 11,7b) und die Schwerter zu Pflugscharen gemacht werden (s. Jes 2,4b). Es wird eine Zeit der Harmonie sein, wenn das Friedensreich anbricht. Sie entsteht allmählich, langsam und bedacht. Ja, man wird die Schwerter zu Pflugscharen machen. Doch zuvor wird die Sache mit dem Antichristen behoben werden. Das wird auch nicht durch eine

Schlacht geschehen, in welcher den Pferden „das Blut bis zum Saum steht", wie es im Wort Gottes offenbar gemacht wird. Gott ist nicht so schrecklich. Das sage ich dir ganz freiweg. Er ist ein Gott der Liebe. Er überlässt die Menschen sich selbst und ihrem Schicksal. Wie beim Turmbau zu Babel (s. 1 Mose 11,7b) verstehen sie sich dann nicht mehr und wollen nichts mehr miteinander zu tun haben. Sie sagen dann: „Jetzt ist Schluss damit. Ich kümmere mich jetzt um meine Angelegenheit!" Auch „die Hure Babylon" wird es auf einmal nicht mehr geben. Lies, was nachfolgend geschrieben steht: <u>Und ein zweiter Engel folgte, der sprach: **Sie ist gefallen, sie ist gefallen, Babylon, die Große**; denn sie hat mit dem Zorneswein ihrer Hurerei getränkt alle Völker **(Offb 14,8)**.</u> Sie löst sich wie von selbst auf. Wir sehen, wie sich Kirchen und Religionen Stück für Stück auflösen. Niemand nimmt mehr Notiz davon. Moslems wie Katholiken nehmen auf einmal die Religion nicht mehr ernst. Kirchen werden zu Museen und Konzerthallen umgestaltet. Sie werden verkauft, museumsreif gemacht und zweckentfremdet genutzt. Früher schimpfte man über die Russen, die Kirchen zu Getreidesilos und Kinos umgestalteten. Dasselbe findet gerade in England statt. Dort werden fortwährend die Kirchen verkauft und zu Supermärkten umgestaltet, in denen z. B. der Teppichhandel floriert. Oder die Kirchen werden zu Discotheken umgestaltet. Die Kirchen dienten aus! Das sind diese Übergänge, die ich meine. Wartet also nicht auf den Weltuntergang und darauf, dass eine Atombombe fällt. Diese Übergänge werden nahtlos sein.

In der Endzeit wird es wieder Nationalitäten wie die Deutschen, die Franzosen, die Türken, die Chinesen und die Griechen geben. Jedes Volk wird seine eigene Sprache sprechen. Es gibt heute Google, da die Sprachen übersetzen werden können, doch es wird die Zeit kommen, da jedes Volk wieder seine eigene Sprache spricht. Wie war es am Anfang? Die Sprachverwirrung fand statt und man verstand sich auf einmal nicht mehr. Die Handelsstraße wurde verlegt. Es wird eine andere Form der Globalisierung hereinbrechen. Gog und Magog wird das Vakuum ausfüllen, welches heute noch die Neue Weltordnung einnimmt. Gog und Magog wird viele Völker vereinnahmen, verbinden und einen. Das findet friedlich statt! Morgen werde ich über China sprechen. China ist total anders als Amerika und der Westen *(s. Predigt: „China und die biblische Prophetie" vom 16.06.2018)*. Die Chinesen waren schon hochkultiviert, als wir noch als Wilde in Fellen herumliefen! Sie haben eine hohe Kultur und Zivilisation, und sie kommen wieder! Überall sind die Chinesen unterwegs. Darauf gehe ich ein.

Gog und Magog tritt auf, was viele beunruhigen wird. Sie halten die Spannungen nicht aus: „Wo soll das denn hinführen?" Derzeit erleben wir erhebliche Zwistigkeiten zwischen den beiden Regierungschefs Wladimir W. Putin und Angelika Merkel. Diese Spannungen müssen zuvor stattfinden, damit sich dann das herauskristallisiert, was der Herr will: Die Völker werden sich befreien. Jedes Volk wird seinen eigenen Weg gehen und sich zu dem entwickeln, was Gott aus ihnen machen wollte. Jedes Volk hat eine Bestimmung! Die Deutschen z. B. sind das Volk der Dichter und Denker, die Italiener haben ihre Operntradition, durch die farbigen Geschwister entstand die Gospelmusik, welche auf die Seele verweist, und die Franzosen spezialisierten sich auf die Gourmet-Küche. So hat jedes Volk eine Spezialität. In der Endzeit werden die Juden schockiert darüber sein, dass auf einmal der Antichrist im Tempel sitzt; sie werden sich mokieren: „Das darf nicht wahr sein! Das wollen wir nicht! Das haben wir nicht vorgesehen!" Der Antichrist gibt sich selbst als Gott aus. Es findet eine reine Gotteslästerung statt. Wenn er sich als Gott ausgibt, wird es einen Aufstand und eine Revolution geben. Die Geschichte schreitet voran und entwickelt sich. Politiker glauben an den Dritten Tempel. Im Jahr 2012 reiste der russische Premierminister Wladimir W. Putin nach Israel, besuchte Jerusalem und betete an der Klagemauer. Als man ihn danach fragte, wofür er gebetet habe, antwortete er: „Ich betete für die Errichtung des Dritten Tempels." Doch darin nimmt der Antichrist Platz! Die Rabbiner lassen verlauten: „Ein Edomiter wird diesen Tempel bauen!" Denn Herodes war ein Edomiter! „Ist das nicht der hochgelobte Bau?", werden die Jünger Jesu fragen. Doch abermals, Jesus sprach die folgenden

Worte aus: <u>Wahrlich, ich sage euch: Es wird hier nicht ein Stein auf dem andern bleiben, der nicht zerbrochen werde (Mt 24,2b).</u> Und was Er sprach, geschah. Die Völker sind von „der Hure Babylon", der Kirche, Religion u. a., so schockiert, dass sie ihren eigenen Weg gehen und sagen: „Das wollen wir nicht mehr!" Und: *„Jeder soll nach seiner Fasson selig werden."* Diese Worte sprach Friedrich II. aus, und nach dieser Philosophie werden sich die Menschen verhalten. Die Menschen werden von den ganzen Welteroberern und Weltverbesserern enttäuscht sein und davon abkommen. „Wir müssen dieses und jenes." Nein! Plötzlich lebt jeder für sich. Ein Stück Egoismus wird offenbar werden. Plötzlich werden viele erstaunt sein und sagen: „Es geht ja auch so!" In der antichristlichen Zeit werden die Menschen sagen: „Es geht ohne Gott!" Sie werden sagen: „Wir können auf künstlichem Weg Leben erzeugen, Herzen und Gehirne verpflanzen und vieles andere mehr!" Doch irgendwann einmal wird der Mensch merken, dass er doch nicht alles kann. Irgendwann ist er am Ende. Nach dieser Zeit wird Jesus kommen und Sein Reich aufrichten. Dann wird es, gemäß dem Wort Gottes, eintausend Jahre lang Frieden geben. Diese Zeit ist noch nicht da. Darauf muss auch keiner warten. Doch es wird kommen. Zuvor muss Satan beseitigt und das Böse aus der Welt geräumt werden. Viele Menschen sagten mir: „Ich warte auf das tausendjährige Reich." Ich nicht! Dieses Reich wird in der größten Katastrophe aller Zeiten enden! Satan ist nur gebunden! Er wird noch einmal losgelassen werden! Die Menschen, welche im tausendjährigen Reich geboren werden, müssen sich auch zwischen dem Herrn und Satan entscheiden. Doch sie werden sich alle für Satan entscheiden. Das tausendjährige Reich ist nicht das Optimale. Ich warte auf Jesu Kommen und auf Sein Reich.

Satan wird alles mobilmachen, um gegen Gott zu kämpfen. Da wird Gog und Magog noch einmal ganz massiv benützt werden. Die Völker werden gegen Gott und Seine Heiligen aufgehetzt werden. Lies das Buch der Offenbarung (s. Offb 6,1-9). Gog tritt hier noch einmal auf. Es erscheinen vier verschiedene Reiter, die sich jeweils unterschiedlich formieren. Nacheinander reiten sie aus: Der Tod, Pestilenz, Kriege. Der rote Reiter, der sein Schwert schwingt. Der erste Reiter sitzt auf einem weißen Pferd (s. Offb 6,2a). Er sieht aus wie Jesus. Er wird auch als ein Reiter dargestellt. Aber es ist der Antichrist! Er kommt als Friedensbringer und Friedensmacher. Wenn sie sagen: „Friede, Friede! Es ist keine Gefahr!", dann kommt das Verderben über Nacht (s. 1 Thess 5,2f.). Anschließend tritt der dritter Reiter, das schwarze Pferd, auf. Dieser hält eine Waagschale in der Hand, welche er bewegt (s. Offb 6,5b+c). Das bedeutet, dass eine schwere Zeit sein wird. Ein Mann wird gerade so viel erwirtschaften, wie er für sich selbst benötigt. Die Waage demonstriert, wie viel Gramm Reis er erhält. Es gelingt ihm nicht, seine Familie zu ernähren. Nur er selbst wird gerade so durchkommen. Es wird eine teure Zeit sein. Heutzutage müssen Mann und Frau arbeiten gehen, damit sie ihre Miete bezahlen und mehr schlecht als recht leben können. Der vierte Reiter sitzt auf einem matten, fahlen, düsteren Pferd. Er reitet an der Spitze und ihm folgen Armeen. Der Name des Reiters ist *„der Tod, und die Hölle"*. Die Geißeln werden Krieg, Pestilenz und Hungersnot sein! Erst hernach beginnen die großen Plagen, durch welche die Menschheit gequält wird. Das geschieht auch wieder durch die Naturkräfte! Denn die gebundenen Engel sind ja Engel, die über die Schöpfung wachen sollen. Die sogenannten Gerichtsengel sind jetzt bereits entbunden und freigesetzt. Die Natur rächt sich an der Menschheit. Es geschieht durch Klimakatastrophen, so wie auch viele Völker, vor allen Amerikas, durch Klimakatastrophen untergingen. Plötzlich gibt es kein Wasser mehr. Deshalb ist das Thema Klima auch in aller Munde: Klimaverträge, Klimaabkommen, Klimapolitik, Klimakonferenz u. a. Der vierte Reiter verkörpert den Tod, Schmerz und Elend. Wenn wir die Bibel aufmerksam lesen, erkennen wir, dass sich dieser Reiter sogar noch über Schmerz und Elend freut! Was glaubst du, wer heute an unserer noch nicht wiederhergestellten Gesundheit verdient? Die Pharmaindustrie! Die Leute können für sie nicht krank genug sein! Sie freut sich über die Leiden der Menschheit, denn je kränker die Menschen sind, desto mehr verdient sie! Diabetes, Alzheimer u. a. Die Pharmaindustrie verdient sehr gut. Mit ihm folgen Hungersnot,

Pest und Seuchen, welcher Art auch immer. Die Bestie, der letzte Reiter, wird zunächst einmal von den Vereinten Nationen, der UNO, als „Mann des Friedens" begrüßt. „Ja, sie kümmern sich um Ebola und um diese und jene Krankheit! Sie engagieren sich!" Doch alles nur wegen des Geldes! Der Konsum steht im Vordergrund! Die ganze Forschung ist dahingehend ausgerichtet, dass man Kapital daraus schlägt! Wollte man tatsächlich den Armen helfen, würde man billigere Medikamente gegen Aids und andere Krankheiten herstellen. Doch das wäre unrentabel. Man will schließlich etwas verdienen. Bis diese vier Reiter ihre Identität zeigen, dauert es eine Weile. Während dieser Plagen wüten Pestilenzen, welcher Art auch immer, sowie Hungersnöte, Revolutionen u. v. m. Ich denke nur an den Arabischen Frühling. Welche Wunder vollbrachte er denn? Es folgten nur Chaos in Tunesien, Libyen und Ägypten und dann auch noch in Syrien. Der Arabische Frühling – was für eine Lüge! Der Welthandel wurde dadurch zerstört! *„Die Kaufleute auf Erden werden weinen und Leid tragen"* steht im Buch der Offenbarung (s. Offb 18,11a). Das geschieht über Nacht. Der Slogan von Donald Trump lautet „America first!", aber gerade dadurch wird etwas ausgelöst! Ein Stein kommt ins Rollen! Das ist dieser Stein, der vom Himmel fällt ohne menschliches Dazutun (s. Dan 2,34a). Plötzlich wird alles teurer. Zieht euch warm an. Du kannst für jeden Deutschen beten, dass er es überlebt. *„Bittet aber, dass eure Flucht nicht geschehe im Winter oder am Sabbat"*, heißt es einmal im Wort Gottes (s. Mt 24,20). Ja, damit wir es überleben! Der vierte Reiter tritt in Erscheinung, langsam aber sicher! Wir lesen, was im Buch der Offenbarung geschrieben steht, siehe hier: **<u>Und ich blickte auf und sah ein Pferd, dessen Farbe fahl war. Und sein Reiter hieß »Tod« und das Totenreich folgte ihm. Sie erhielten Macht über ein Viertel der Erde, um durch Schwert und Hunger, tödliche Krankheit und wilde Tiere zu töten (Offb 6,8 NLB).</u>** Was bedeutet das? *„Ein Viertel der Erde"* – das könnte Europa, Asien, Amerika oder Afrika sein. Das geht nicht eindeutig daraus hervor. *„Um durch Schwert und Hunger, tödliche Krankheit und wilde Tiere zu töten."* Eigentlich müsste dort *„kleine Tiere"* stehen. Also, nicht durch die Löwen, Tiger und Wölfe findet dieses Zerwürfnis statt. Zwar bevölkern auch Wölfe die Erde, aber das Schlimme sind die Bazillen und Viren! An den kleinen Tieren – so geht es aus den alten Schriften hervor – geht die Menschheit zugrunde; durch das Geschmeiß und die dadurch austretenden Seuchen. Diesem Reiter wurde Macht über *„ein Viertel der Erde"* gegeben. Ja, ihm wurde Macht gegeben! Er tötet nicht durch Maschinengewehre, Panzer und Kanonen, sondern er kommt klammheimlich. Plötzlich fällt dieser und jener und gibt den Geist auf. *„Ein Viertel der Erde"* wird *„durch Schwert und Hunger, tödliche Krankheiten und wilde Tiere"* vergehen. Er werden also nicht Menschen die Menschen töten, sondern Seuchen, Pestilenzen und Hungersnöte treten hervor. Also, Leute, wir sollten uns auf etwas ganz anderes einstellen, und nicht etwa darauf warten, dass der große Führer kommt. Diese Ereignisse finden klammheimlich statt, gleich der Schlange, die im Garten Eden einfuhr. Und gleich so, wie es bei der Sintflut war: *„und sie beachteten es nicht"*. (Siehe Mt 24,39a) Sie suchten Erklärungen. Für alles findet man Erklärungen, wenn man danach sucht. Meinem Vater fiel dazu immer der folgende Kommentar ein: *„Wenn man einen Hund schlagen will, findet man immer schnell einen Stock!"* Ja, für alles wird man eine Erklärung finden.

Dieses fahle Pferd, von dem uns die Bibel berichtet, ist der Tod. Es ist das schrecklichste Tier, beängstigend eigentlich. Diesem Reiter folgt der Tod. Das Schlimme ist, dass er im Gegensatz zu den anderen Tieren keinen Gegenstand in der Hand hält. Die Ergebnisse des Hungers, der Spannungen, der Kriege u. a. folgen ihm. Der Erste und der Zweite Weltkrieg fand bereits statt. Auch der Arabische Frühling fand bereits statt. Auf dieser Welt herrscht Chaos. Bedenke die Spannungen in Jugoslawien. Das, was Johannes schaute, war schockierend und schrecklich für ihn! Nicht nur die Reiter, sondern das ganze Totenreich folgten ihm nach. Damit beginnt die große Trübsalszeit. Darüber lesen wir im Buch der Offenbarung Kapitel 1, was der Herr zu den Gläubigen, also nicht zu den Ungläubigen, spricht. Das Wort Gottes hat für die Ungläubigen keinen Trost! Ein schreckliches Gericht wartet ihrer. Aber für die Gläubigen schon, wie nachfolgend geschrieben steht: <u>Und als ich ihn sah, fiel ich zu seinen Füßen wie tot; und er legte seine rechte Hand auf mich und sprach: **Fürchte dich nicht! Ich bin der Erste und der Letzte und der Lebendige. Ich war tot, und siehe, ich bin lebendig von Ewigkeit zu Ewigkeit und habe die Schlüssel des Todes und der Hölle (Offb 1,17f.).**</u> Ja, Gott hat die Seinen immer noch in der Hand! Wir sind in der Hand Gottes geborgen! Jesus kommt für die Gläubigen, d. h. für Seine Kinder, für Sein Volk, für Seine Schafe! *„Meine Schafe hören meine Stimme"* usw. (Siehe Joh 10,27a) Was für eine beruhigende Versicherung ist das für mich! Ich weiß: Mein Heiland ist *„der Erste und der Letzte"*. Er hat das letzte Wort. Halleluja! Nicht der Tod, nicht die Krankheit, nicht die Seuche, nicht die Naturkatastrophe, sondern Er hat alles in der Hand. Jesus spricht: *„Fürchtet euch nicht!"*, denn Er war selber tot und Er hält „die Schlüssel des Todes" in Seiner Hand. Wenn deine Todesstunde naht, dann kannst du sagen: „Herr, Du hast es gewollt!" So ist das für dich keine Katastrophe, denn für uns Gläubige ist der Tod nur ein Übergang von dieser Erde in das Reich Gottes, also vom Diesseits ins Jenseits.

Beim Öffnen des vierten Siegels erhält der Tod die Befugnis, ein Drittel der Weltbevölkerung zu töten (s. Offb 6,7f.). Das ist die große Trübsal. Dann sehen wir noch ein weiteres Siegel, das fünfte. Das sind „die Seelen unter dem Altar", sprich, die Märtyrer (s. Offb 6,9). Und es heißt: „Es müssen noch diese hinzukommen", d. h., zu der Zeit, da die Siegel-Gerichte nacheinander stattfinden, gibt es noch Märtyrer, welche sind die Zeugen Jesu Christi. Diese werden noch getötet. Der Engel spricht zu Johannes: „Diese müssen auch noch hinzugetan werden." (Siehe Offb 6,11b) In der Offenbarung greift eins ins andere. Das ist genau so, als würdest du eine Landschaft betrachten. Du siehst zwar die Bergspitzen, aber nicht die dazwischenliegenden Täler.

Beim Öffnen des sechsten Siegels fällt mir noch etwas Interessantes auf: Sie taten nicht Buße! Diese Möglichkeit hätten sie gehabt, denn die Märtyrer, und auch diese beiden Zeugen, waren noch da. Sie besaßen das Wort Gottes bzw. das Alte und das

Neue Testament. Diese zwei Zeugen bezeugen Gott. Jesus spricht: „Das ist die Schrift, die mich bezeugt." (Siehe Joh 5,39b) Und dann das Neue Testament mit dem Inhalt: *„Und das Wort ward Fleisch und wohnte unter uns"* usw. (Siehe Joh 1,14a) Sie hatten noch die Bibel. Die Bibel wird nicht so schnell vernichtet, denn in den Buchhandlungen, im Internet und allerorts ist jeder befugt, sich eine Bibel zu kaufen. Selbst wenn kein Zeuge mehr da sein sollte, kann er doch die Bibel lesen. So wird jeder zur Erkenntnis der Wahrheit gelangen. Manche denken, es müsse ein gewaltiger Prediger oder Evangelist auftreten, der letzte Prophet oder Johannes der Täufer müsse auferstehen. Nein! Die Bibel zeugt von Ihm, und diese soll man lesen. Wir benötigen keine Totenauferstehungen oder Totenbekundungen: „Wie war es drüben? Was sahst du alles?" Das ist uninteressant. Was du dort sahst, ist nur ein kleiner Spalt, gleich einem Blick durch ein Schlüsselloch. Aber es ist noch nicht so weit! Wenn diese Reiter kommen, wirst du das schon merken. Der Herr wird dich auf die damit einhergehenden Ereignisse zurüsten. Er wird nicht zulassen, dass der Gerechte sein Grab bei den Ungerechten findet. Das ist mein Trost! Selbst wenn ich neben den größten Gottesleugnern und Spöttern beerdigt werden würde, wäre ich nicht bei ihnen. Dort befinden sich nur meine Kleidungsstücke. Ich werde bei den Erlösten, den Kindern Gottes, sein! Der Herr wird nicht zulassen, dass meine Seele auf diesem Krematorium ist. Wir müssen uns jetzt schon auf die kommenden Ereignisse vorbereiten. Höre Predigten wie diese. Wir sollen jetzt schon die Zeit auskaufen und nutzen (s. Eph 5,16a).

Ich lese über diese Reiter, dass ihnen Macht übertragen wurde über ein Viertel der Erde, um die Menschen durch Kriege, Hungersnöte, Seuchen und wilde Tiere dahinzuraffen. Sie besaßen die Macht, damit das alles nacheinander stattfindet! Später lesen wir, dass ein Drittel der Menschheit dahingerafft wird. Rechne dir aus, wie viele dann unversehrt bleiben bei sieben Milliarden Menschen. Ein Viertel der Erde bedeutet, dass diese Reiter nicht überall triumphieren. Nicht die ganze Welt wird von Katastrophen heimgesucht. Viele meinen, dass der Antichrist über die ganze Welt herrschen würde. Nein! Nur über einen bestimmten Teil: ein Viertel der Erde. So wüten verschiedene Mächte nur über ganz bestimmte Bereiche.

Der Antichrist wird vermutlich aus Europa kommen, ganz bestimmt aus Deutschland, denn Deutschland ist dafür vorgesehen! Satan missbraucht diese Nation ganz arg. Deshalb werden wir unterwandert von fremden Völkern. Ich habe nichts gegen Flüchtlinge, aber wir werden überflutet, damit wir zuerst einmal fallen, und dann ausführen, was der Antichrist will. Deutschland wird für diese antichristliche Sache präpariert. Dieses eine Viertel der Erde ist weder geographisch noch demagogisch zu verstehen, sondern es bezieht sich auf einen bestimmten Einflussbereich. Welcher Teil der Erde gemeint ist, werde ich in einer der nächsten Predigten behandeln. Was erwartet uns? Sind wir in der Endzeit? Komm in meine Predigten. Der Dritte Weltkrieg ist bereits im Gang! Morgen werde ich über China sprechen. Warum? Jeder dritte Mensch ist ein Chinese. Der Antichrist, wie er auch immer heißen mag, jener, welcher gegen Christus, gegen Gott und gegen den Heiligen Geist ist, wird ein Malzeichen verabreichen. Wer dieses Malzeichen ablehnt, wird weder kaufen noch verkaufen können (s. Offb 13,17). Dieser Prozess läuft bereits! Du benötigst nicht einmal mehr eine Scheckkarte, denn alles wird über das Internet abgebucht. In Deutschland wird bereits schon Vorsorge dafür getroffen, dass der Daumen ausreichend ist, um den getätigten Einkauf an der Kasse zu bezahlen. Durch das Scannen des Daumens wird die Information übertragen, ob dein Konto ein Guthaben aufweist oder nicht. Das hieße dann, dass du dir deine PIN-Nummer merken müsstest. Es heißt, *„ein Malzeichen an ihrer rechten Hand oder an ihrer Stirn"* usw. (Siehe Off 13,16 MENG) Wir sind weiter als du vielleicht denkst!

Als ich vor etwa dreißig Jahren meine Rechnung an einer Tankstelle in Schweden begleichen wollte, wurde mir nahegelegt, mit Kreditkarte zu bezahlen. Der Tankwart war ganz erstaunt darüber, dass ich mit Bargeld bezahlen wollte und äußerte: „Bei uns zahlen nur Diebe, Verbrecher und asoziale Menschen in bar!" Jeder Bürger besitzt dort bereits eine Personenkennziffer! Jeder einzelne Staatsbürger ist nummeriert! Über Facebook können sämtliche Internetkontakte nachverfolgt werden. Alles ist einsehbar. Plötzlich, ganz unerwartet, wirst du erfasst! Nicht bloß die Amerikaner, sondern auch unsere Nachrichtendienste sind an deinen Informationen interessiert. So werden wir vereinnahmt.

Der Herr will – und das ist es, was uns die Bibel über Gott und Magog offenbart – den Fürsten von Gog und Magog herumlenken. Das heißt, dass Er ihm etwas in den Sinn geben will, z. B. eine Prophetie oder eine Offenbarung. Gott will den Fürsten von Gog und Magog *„herumlenken"*, so wie Er es mit den Volksstämmen der Inka, Maya und Azteken durch Klimaveränderungen u. Ä. tat. In Südamerika werden derzeit gerade Ausgrabungen alter Ruinen vollzogen. Ohne Krieg und Blutvergießen verließen die Völker ihre Städte, die sie bewohnten. Wie nur ist das möglich? So spricht der Herr: **Ich will dich herumlenken und dir Haken ins Maul legen und will dich herausführen mit deinem ganzen Heer, mit Ross und Mann, die alle voll gerüstet sind, ein großer Heerhaufe mit kleinen und großen Schilden; alle tragen sie Schwerter (Hes 38,4).** Das Schild ist ein Zeichen des Schutzes. Vielen ist nicht bewusst, wie weit die Zeit bereits fortgeschritten ist!

Während der Zeit, die ich vor Jahren in der Schweiz verbrachte, passierte das Folgende: Jedem von uns sind die Schweizer Uhren ein Begriff. Die Schweizer waren damals Vorreiter in der Herstellung von Uhren, bis es den Japanern gelang, ihnen durch die Herstellung der Digitaluhren diese Vorrangstellung streitig zu machen. Das Schweizer Fabrikat hat zwar einen hohen Rang, aber es gibt sehr viele Personen, die das Digitaluhrwerk bevorzugen. Die Schweizer wurden hochmütig und ließen verlauten: „Wir haben die besten Uhren der Welt!" Doch die Japaner sind die Testsieger! „Das Land der aufgehenden Sonne" ist im Kommen! So viele verpassen den Anschluss! Als ein Minister dem Napoleon Bonaparte die Nachricht zutrug, dass in England Dampfmaschinen und Dampflokomotiven in Bewegung gesetzt wurden, konnte er nicht begreifen wie es möglich sein könnte, dass aus einer Pfeife Wasserdampf heraustreten und dadurch ein Kraftwerk in Gang gesetzt werden könnte. Die Franzosen hatten den Anschluss an das Industriezeitalter verpasst, weil sie sich überschätzten! So viel zum Stichwort „Schilder". Betrachte alle, die große Schilder tragen! Sie werden als Schutzmacht auftreten! Diejenigen, die schützten, werden aufmarschieren!

Dieser „*Haken*" in der gesamten Globalisierung ist etwas anderes als du denkst: Passt auf, wenn es auf einmal heißt: „Plötzlich muss er da oder dorthin!" Sagt ganz entschieden Nein! Niemand muss ausgesondert werden! Nicht alle Menschen sind ehrlich. China ist ganz anders gelagert. Politiker sind nicht ehrlich, und die Verträge, welche sie verabschieden, sind auch nicht koscher; sie werden heute geschlossen und morgen gebrochen. Es steht geschrieben: „Ich will den Fürsten von Gog und Magog herumlenken." Hier siehst du, wer wirklich die Geschichtsvorgänge bestimmt. Der Herr vollzieht es! Er wird den Fürsten von Gog und Magog herumlenken. Ein guter Gott lenkt nicht herum. Vielleicht schockiere ich dich jetzt. Nicht der Herr, sondern Satan verursacht Kriege, Terror, Unruhen, Verwirrungen u. v. m. Gott tut so etwas nicht, aber Er lässt es zu. Satan wird der Fürst dieser Welt sein und Kontrolle ausüben. Deswegen ist er derjenige, der herumlenken wird. Gott wird Satan die Erde überlassen und sprechen: „Mach doch!" Ein Gott, der Menschen ruiniert, wäre ein schlechter Gott. Er will nicht den Tod des Sünders, sondern, dass dieser sich bekehrt, lebt und glücklich ist! Nur ein Dämon reizt, provoziert, terrorisiert und führt Menschen in die Irre. Der Herr versucht niemanden! Ein böser Geist spricht die Worte: *„Ich will dich herumlenken".*

Der Herr spricht: „Meine Botschafter sind alle ausgesandt." Immer dann, wenn ein Botschafter ausgesandt wurde, bedeutet das für ein Land die Kriegserklärung. Das fand immer in der Geschichte statt. Die Märtyrer bzw. die Seelen unter dem Altar sind alle ausgesandt, und nun darf der Feind zugreifen. Es waren Personen, die sich auf das Gute, das Rechte und Wahre verließen. Selbst nach der Zeit des tausendjährigen Reiches blieb die Macht Satans erhalten. Er wird nicht sterben, denn es steht geschrieben: **Und wenn die tausend Jahre vollendet sind, wird der Satan losgelassen werden aus seinem Gefängnis und wird ausziehen, zu verführen die Völker an den vier Enden der Erde, Gog und Magog, und sie zum Kampf zu versammeln; deren Zahl ist wie der Sand am Meer (Offb 20,7f.).** *„Und wenn die tausend Jahre vollendet sind, wird der Satan losgelassen werden aus seinem Gefängnis"* bedeutet, dass nicht nur die Gerichtsengel gebunden sein werden, sondern auch Satan! Dann erst wird Gog und Magog in Aktion treten! Und weiter steht geschrieben: **Und sie stiegen herauf auf die Ebene der Erde und umringten das Heerlager der Heiligen und die geliebte Stadt. Und es fiel Feuer vom Himmel und verzehrte sie. Und der Teufel, der sie verführte, wurde geworfen in den Pfuhl von Feuer und Schwefel,** wo auch das Tier und der falsche Prophet waren; und sie werden gequält werden Tag und Nacht, von Ewigkeit zu Ewigkeit **(Offb 20,9f.).** Satan ist derjenige, der herum lenkt. Zu dieser Zeit wird auch Israel ohne Zäune sein. Die Bibel spricht von einem Land, dass friedlich ohne Mauern sein wird. Jedes Volk wird in seinem Bereich leben. Die Deutschen werden bei den Deutschen, die Schwaben bei den Schwaben, die Schotten bei den Schotten, die Franzosen bei den Franzosen, die Wikinger bei den Wikingern sein. Jeder wird in seinem eigenen Bereich wohnen. Und die Israeliten werden in Israel leben. Die heilige Stadt Jerusalem wird friedlich sein! Man wird dorthin pilgern und das Land besichtigen. Das wird Satan ausnützen, wenn ich hier die Bibel studiere, und die Länder hin und her aufhetzen und ausplündern.

Die Geschichte wiederholt sich. Es gibt nichts Neues unter der Sonne (s. Pred 1,9). Das ist eine Faustregel für Prophetie. Die Schilderungen des Angriffs Gottes sind nur Schatten aus der Geschichte. Fortwährend wiederholt sich das. So es jemandem gutgeht, wird er überfallen. Denke einmal darüber nach, wann die meisten Kriege stattfanden. Sie fanden im Herbst statt, zur Zeit, da man die Ernte einbrachte. Lies die

Bibel! Kriege gab es immer nur im Herbst, nie im Frühling. Deshalb steht geschrieben: **Bittet aber, dass eure Flucht nicht geschehe im Winter oder am Sabbat (Mt 24,20).** Der letzte große Krieg findet vermutlich im Winter statt.

Eine weitere Faustregel, um die Endzeit richtig zu verstehen, ist also diese: Das Ende kommt zum Anfang zurück. So ist es immer wieder. Und wenn du etwas verstehen möchtest, schau zurück, wie es am Anfang war. Die Scharen Satans werden auftreten und gegen das Volk Gottes und Seine Ordnung kämpfen. Satan war schon immer der Widersacher des Herrn. Er will Gottes Sache zerstören. Er ist immer ein Quertreiber. Die Leute wollen nichts Böses. Sie bemühen sich darum, am Leben zu bleiben, sie wollen es genießen, ihre Kinder großziehen, glücklich sein und einmal selig sterben. Doch es gibt immer wieder irgendwelche Querköpfe, die die Sache Gottes verhindern wollen. Davor warnt Paulus im Brief an die Galater. Hier haben wir es mit den gesetzestreuen Juden sowie deren Praktiken wie Sabbattage, Neumondfeste u. a. zu tun. Den Leuten wurde immer wieder etwas auferlegt (s. Gal 4,10). Du solltest „du" sein und dir nicht von anderen Nationen vorschreiben lassen, was du zu essen und wie du dich zu bekleiden hast! Der Herr will, dass jeder Mensch auf seine Art und Weise glücklich ist! Etwas Schlimmes fand in der Geschichte statt: Die Afrikaner trugen nur einen Lendenschurz, bis sie von den frommen britischen Missionaren, diesen Pharisäern, angehalten wurden, sich vorschriftsmäßig mit Anzug, Hemd und Krawatte zu bekleiden. Sie hielten neben der Verkündigung des Evangeliums gleichzeitig eine Moralpredigt ab und würdigten neben dem Herrn, wie so ganz nebenbei, noch ihre eigene Kultur. Lass dich nicht von Menschen bekehren, sondern sei derjenige, der du bist! Gehe in dich und befrage Gott, was du tun und lassen sollst. Wie oft höre ich Christen reden: „Ich habe diese oder jene Person bekehrt!" Pfui Teufel! Ich möchte nicht von Menschen bekehrt werden! Menschen bezeugen, aber der Heilige Geist überzeugt. Der Geist des Herrn führt dich in deine Identität, in deinen Lebensstil und in deine Lebensweise hinein. Der Südafrikaner hat andere Lebensgewohnheiten als der Brite. Beide Kulturen können nicht miteinander verglichen werden. Die Temperaturen sind völlig andere und somit dementsprechend der Lebensstil. Paulus widersetzt sich hier und sagt den ersten Christen den Kampf an. Das ist der Kampf der Heiligen, die mit Gott leben und wandeln.

Eine Legende besagt, dass ein König namens Löwenherz, während er sich auf einem Kreuzzug nach Israel befand, äußerte, er könne den Blick gen Jerusalem nicht ertragen. Er hielt seinen Schild vor seine Augen, da er glaubte, wenn er die heilige Stadt sähe, fiele er in Ohnmacht. Dabei war sie nicht viel mehr als ein Kaff mit zweihundert Bürgern und ein paar Häusern. Entsetzt zog er von dannen. Er meinte, Jerusalem wäre eine leuchtende, strahlend schöne Stadt. Diese Zeit ist vorüber! Auch wir stellen uns etwas Gewaltiges vor, wenn wir an Jerusalem denken. Es ist einfacher als du denkst: werde simpel und sei nicht zu religiös! Paulus lehnte sich gegen die aus dem Judaismus hervorgegangenen Bedränger der Christenheit auf. Sieh dich vor! Deine wahren Feinde – der Antichrist, der falsche Prophet und dein Widersacher – sitzen in den eigenen Reihen in der Gemeinde! Paulus und die ersten Christen erlebten hautnah, was es heißt, sich permanent mit dem Judentum auseinanderzusetzen. Solange es das gibt, wird es keinen Frieden geben.

Ich lese, was nachfolgend geschrieben steht: **<u>Und als die Versammlung auseinanderging, folgten viele Juden und fromme Proselyten Paulus und Barnabas. Diese sprachen mit ihnen und ermahnten sie, dass sie bleiben sollten in der Gnade Gottes.</u>** <u>Am folgenden Sabbat aber kam fast die ganze Stadt zusammen, das Wort Gottes zu hören.</u> **<u>Als aber die Juden die Menge sahen, wurden sie neidisch und widersprachen dem, was Paulus sagte, und lästerten</u>** <u>(Apg 13,43-45).</u> Diese Beiden hatten die Juden ermutigt, doch was geschah? Siehst du, woher das alles kommt? Erkennst du ihre Gesinnung? Zuerst schmeicheln sie, und hernach lästern sie. Und ich lese abermals vor, was geschrieben steht, siehe hier: **<u>Aber die Juden hetzten die gottesfürchtigen vornehmen Frauen und die Oberen der Stadt auf und stifteten eine Verfolgung an gegen Paulus und Barnabas und</u>**

vertrieben sie aus ihrem Gebiet (Apg 13,50). Betrachte, wo die Feinde damals saßen, und wo sie heute sitzen! So auch jetzt! Weiter lese ich hier: **Die Juden aber, die ungläubig blieben, stifteten Unruhe und hetzten die Heiden auf gegen die Brüder (Apg 14,2).** Hier sieht man eindeutig, woher der Kampf kommt und *„woher der Wind weht“.* Und weiter steht geschrieben: **Es kamen aber von Antiochia und Ikonion Juden dorthin und überredeten das Volk und steinigten Paulus und schleiften ihn zur Stadt hinaus und meinten, er wäre gestorben (Apg 14,19).** Aber Gott sei Dank – wahre Gläubige sterben nicht so leicht! Sie überleben auch eine Steinigung. Gott räumt hier auf. Wir lesen, was nachfolgend geschrieben steht: **Aber die Juden ereiferten sich und holten vom Marktplatz einige üble Männer, rotteten sich zusammen und richteten einen Aufruhr in der Stadt an und zogen vor das Haus Jasons und suchten sie, um sie vor das Volk zu führen (Apg 17,5).** Hier ist das ganze Übel der Welt! In aller Liebe! Das hat nichts mit Antisemitismus zu tun! Aber Satan ist einer, der wider das Reich Gottes kämpft. Doch Halleluja! Gott sitzt in Seinem Regiment. Er hält Seine schützende Hand über alle Seine Gläubigen. Das fünfte Siegel bedeutet, die Seelen unter dem Altar. Wir müssen Leid und Verfolgung ertragen! Doch betrachte, von wem denn die ersten Christen verfolgt wurden! Der Herr trägt die wahren Gläubigen durch religiöse Bedrängnis, geistige Unterwanderung und Hetzerei hindurch! Lob und Dank!

In der Endzeit wird es eine Neueinteilung der Welt geben. Wir kommen zurück zu Gog und Magog. Diese Weltordnung wird zusammenbrechen und aus diesem Vakuum wird etwas völlig Neues hervorgehen. Gog und Magog formiert sich! Derzeit finden nur harmlose Koalitionen statt. Wir sehen nur den guten Willen. Die Franzosen und die Italiener schotten sich auch gegen die Flüchtlinge ab. Die italienische Grenzbehörde lässt kein einziges Flüchtlingsschiff mehr zu. Die Landesregierungen wollen das Beste, doch Frau Merkel sagt: „Kommt nur herbei! Wir sind human und gastfreundlich!“ Das hat aber nichts mit Gastfreundschaft zu tun, denn etwa dreißig Millionen Afrikaner warten darauf, nach Deutschland einwandern zu dürfen. Sie werden uns übervölkern! Der Herr weiß, was das bedeutet und wohin das führen soll. Gog und Magog formiert sich, und es ist interessant, wer alles dazugehört! Soll ich es dir sagen? Willst du es wissen? Ich studiere die Bibel und beschäftige mich mit dieser Materie schon lange. Der Iran, Syrien und die Türkei. Die Türkei kauft sogar russische Abwehrraketen, obwohl sie der NATO beitrat. Das Staatsoberhaupt Erdogan kaufte mehrere S-400 Raketen, um sein Schild gegen den Westen aufzubauen. Im Krieg gegen Irak verweigerte die Türkei der NATO und den Amerikanern sogar den Überflug, obwohl es ein NATO-Land ist! Wer gehört noch dazu: die Perser (s. Hes 38,5f.) und Goma; ihnen zugehörig sind die Aschkenasen. Jüdischen Texten zufolge sind hier Polen und Deutschland zugehörig. Diese gehen auch mit Gog und Magog. Sie werden aus diesem System ausscheren. Außerdem gehören dazu: Libyen und alle nordafrikanischen Länder, die den Arabischen Frühling erlebten. All jene nordafrikanischen Staaten gehen mit Gog und Magog. *„Gog, der du der oberste Fürst bist von Meschech und Tubal!"* (Siehe Hes 38,3) Betrachte Jerusalem und schau gen Norden hinauf, so kannst du auf Moskau und, etwas seitlicher, Tobolsk blicken! Das ist der sibirische und asiatische Teil. Im Gebiet des jetzigen Russlands siehst du, wie sich viele Völker formieren. Dort sind alle diese Völker vereint. Russland ist ein Vielvölkerstaat. Zwanzig Prozent der russischen Bevölkerung besteht aus Moslems. Sie leben in Frieden zusammen und es gibt keine Probleme, aufgrund von Zucht und Ordnung, die dort vorherrschen. So etwas ist manchmal eben nötig.

Mit Gog und Magog entsteht das tausendjährige Friedensreich und wird überdauern! Russland wird länger existieren als die EU und die USA! Europa nebst des Antichristen sind bereits untergegangen oder es findet soeben statt. Was wurde denn aus der transatlantischen Bündnispolitik zwischen den USA und Europa? Sie bekämpfen und bekriegen einander! Dieser Zustand spitzt sich durch Handelskriege noch zu! Die Handelsstraßen werden verlegt und plötzlich „ist Petra nicht mehr interessant für die Nabatäer". Auf einmal wird vieles nicht mehr interessant sein! „Zu jener Zeit", so steht es in der Heiligen Schrift, hat Israel keine Verbündeten mehr und ist somit schutzlos. Hierzu lesen wir die folgende Passage, die geschrieben steht, siehe hier: **So spricht Gott der HERR: Zu jener Zeit wird dir dies in den Sinn kommen, du wirst Böses planen und denken: »Ich will das Land überfallen, das offen daliegt, und über die kommen, die still und sicher leben, die alle ohne Mauern dasitzen und haben weder Riegel noch Tore« (Hes 38,10f.).** Wer schützt dann Israel?

Dazwischen liegt das tausendjährige Reich. Satan wird freigelassen, lesen wir. Das sind die vier verschiedenen Reiter, die über diese Erde gehen. Der Herr wird sich ihrer ermächtigen und sie entwaffnen. Gott wird das Heer von Gog und Magog richten. Doch wie? Nicht durch Maschinengewehre, Kanonen, Atombomben o. Ä., sondern durch Pestilenzen, Blutbad, Platzregen, Hagel, Feuer und Schwefel (s. Hes 38,22). Das sind alles Naturkatastrophen! David Wilkerson prophezeite in seinem Buch *„Die Vision"*, dass es Hagelkörner so groß wie Hühnereier geben wird. Darüber lachte man und äußerte Worte wie: „Dass Eisbrocken vom Himmel herniederfallen würden, das gab es noch nie!" Doch exakt das erfüllt sich buchstäblich in unseren Tagen! Gerade jetzt holt eine Katastrophe die andere ein! Und dann spricht der Herr, was nachfolgend geschrieben steht: **Und ich will Feuer werfen auf Magog und auf die Bewohner der Inseln, die so sicher wohnen, und sie sollen erfahren, dass ich der HERR bin (Hes 39,6).** Gott wird Gericht halten über jene, die auf den Inseln so sicher wohnen! Das betrifft Kanada! Kanada ist das Land mit den größten Inseln. Ich wollte einmal nach Kanada auswandern und sah mir auch schon ein Grundstück nahe Toronto an. Meine Eigentumswohnung könnte ich in eine ganze Ranch umtauschen. Es gäbe da für mich also sehr viel Platz. Als ich aber gefragt wurde, ob ich denn schon den Herrn befragt hätte und es daraufhin sofort tat, ließ Er mir das folgende Wort zuteilwerden: „Selbst wenn du zu den fernen Inseln gehst, werde ich dich von dort zurückholen." (Siehe Jer 31,10) Dem Gericht Gottes kannst du dich nicht entziehen. In meinem Lexikon fand ich den folgenden Vermerk: „Kanada ist das

Land mit den längsten und weitesten Küstenstränden." Wohin man auch sieht, nur Küsten, Küsten und wieder Küsten. Auch sie sollen erfahren, dass Gott der Herr ist. Amerika und Kanada sind auch verfeindet, ebenso der Staat Mexiko. Durch diese Gerichte will der Herr Seine Macht erweisen und Seinen heiligen Namen kundtun! Plötzlich werden alle gewahr, dass da jemand im Regiment sitzt, und dass es ein höheres Wesen geben muss. Doch wer ist dieses höhere Wesen? Vor allem das Volk Israel, die Juden, sollen Seinen heiligen Namen erkennen! Sein heiliger Name, der hier auf Erden von Ihm gar selbst offenbart wurde, ist JESUS, der Herr. Nicht Jehova – das ist nur eine andere Definition. Auch nicht der „Ich bin, der ich bin", der Da-Seiende. Ein Engel des Herrn erschien Josef im Traum und teilte ihm mit, was gemäß der Überlieferung aus der Heiligen Schrift offenbar wurde und nachfolgend niedergeschrieben ist: **Und sie wird einen Sohn gebären, dem sollst du den Namen Jesus geben, denn er wird sein Volk retten von ihren Sünden (Mt 1,21).** Weiter lesen wir im Buch des Propheten Hesekiel, was nachfolgend geschrieben steht: <u>Und ich will meinen heiligen Namen kundmachen unter meinem Volk Israel und will meinen heiligen Namen nicht länger schänden lassen, sondern die Völker sollen erfahren, dass ich der HERR bin, der Heilige in Israel (Hes 39,7).</u> Sie werden Seinen heiligen Namen nicht mehr schänden!

Als ich in Jerusalem auf der Via Dolorosa war, sah ich, wie ein frommer, gottgläubiger Katholik sein Kreuz trug und betete, dass der Herr ihm doch gnädig sein möge, als ihm ein Jude entgegentrat und vor dessen Füße spie. Weißt du, Jesus ist verachtet und verkannt! In Jerusalem darfst du kein Fenster mit Kreuz einbauen! Ein Taschenrechner mit einem Kreuz als Pluszeichen ist für das jüdische Volk ein Ärgernis. Das Wort des Herrn, welches gemäß der Überlieferung aus der Heiligen Schrift offenbar wurde und nachfolgend niedergeschrieben ist, lautet abermals wie folgt: **Denn das Wort vom Kreuz ist eine Torheit denen, die verloren werden; uns aber, die wir selig werden, ist es Gottes Kraft (1 Kor 1,18).** Halleluja! Und sie werden den Namen des Herrn nicht mehr lästern, wie z. B. durch die Aussage im Talmud, die bezeugt, dass Jesus ein Hurensohn sei.

Wenn sich Gott offenbart und für die Völker und Nationen kämpft, wird eine Zeit der Gnade, Heimsuchung und Anbetung des Herrn anbrechen! Und hier geschieht etwas, was mit der Versuchung Jesu gleichzusetzen ist, wie nachfolgend geschrieben steht: <u>Wiederum führte ihn der Teufel mit sich auf einen sehr hohen Berg und zeigte ihm alle Reiche der Welt und ihre Herrlichkeit und sprach zu ihm: **Das alles will ich dir geben, wenn du niederfällt und mich anbetest (Mt 4,8f.).**</u> Hier ist dann Schluss mit diesem Spuck. Gott wird somit die Anbetung zuteil! Denn weiter steht geschrieben: <u>Da sprach Jesus zu ihm: Weg mit dir, Satan! Denn es steht geschrieben: »**Du sollst anbeten den Herrn, deinen Gott, und ihm allein dienen.**«</u> <u>Da verließ ihn der Teufel. Und siehe, da traten Engel herzu und dienten ihm (Mt 4,10f).</u> Das ist eine Revolution, von Gott her betrachtet. Auf einmal findet die Anbetung des Herrn statt.

Ich lese das Wort des Herrn über Gog und Magog, die beiden apokalyptischen Völker, in der Endzeit. Es steht geschrieben: <u>**Und wenn die tausend Jahre vollendet sind, wird der Satan losgelassen werden aus seinem Gefängnis und wird ausziehen, zu verführen die Völker an den vier Enden der Erde, Gog und Magog, und sie zum Kampf zu versammeln; deren Zahl ist wie der Sand am Meer (Offb 20,7f.).**</u> Und ich lese hier weiter, dass Gott den Teufel vernichten wird! Und der Tod und die Hölle folgten dem vierten Reiter (s. Offb 6,8a+b). Diese wurden in den Feuersee geworfen und vernichtet (s. Offb 20,14a). Der Herr wird „einen Schlussstrich über Satan ziehen". Denn der Herr kämpft um diesen Planeten Erde, den Er für den Menschen und nicht für Satan schuf. Er schuf ihn nicht für irgendwelche teuflischen Gedanken, Mächte und Gewalten. Mit der Aufnahme der Völker von Gog und Magog in das Neue Testament ist dergleichen für uns zu einem festen Begriff geworden. Wir wissen, dass das genau das ist, was Gott sich vornahm. Wir wissen: Diese Völker wird Gott kontrollieren. Die Völker sind auch eine

Schöpfung Gottes, so wie es der Mensch, die Familie und ganze Nationen sind. In der Endzeit wird es wieder zahlreiche Nationen geben.

Die meisten Bibelausleger sagen, dass seit Generationen Gog Russland sei und sogar sein muss; eine mächtige Nation. Russland war zunächst einmal die erste Nation, welche Israel als Staat anerkannte! Später kassierten die Amerikaner diese Ehre für sich und setzten dort ihre Botschaft. Ein Jahr später war es dann soweit, dass diese Völker hinzutraten, was in Jerusalem zum Krieg führte, der im Jahr 1948 begann. Die Rockefellers und Rothschilds kauften dort sofort Grundstücke und stellten dieses Land wieder her. Weißt du, durch die Macht des Konsums wurde diese Nation gestärkt. Das Land wurde nicht freiwillig wiederhergestellt, sondern durch Vermögen und Finanzen der reichen Familien und Geschäftsleute.

Der Messias kommt! Halleluja! Vorab: Russland begann noch nie einen Krieg! Hört mir gut zu. Ich kenne die Geschichte, weil ich mich damit befasste. Russland beendete immer die Kriege, ob es nun die Napoleonischen oder die des Hitlerregimes waren. Ebenso wird Russland dem Antichristen ein Ende setzen, denn Russland wurde immer angegriffen, von wem auch immer. Man schloss Russland aus der G7 aus. Als Donald Trump sagte, dass Russland dazugehören würde, verwehrte es sich freiwillig. Dieses Land will ja gar nicht beitreten! Gog formiert sich, Europa zerbricht! Gog übernimmt die Führung der Völker Stück für Stück. Deutschland wird immer mehr angehalten, sich an Russland zu orientieren, denn Russland ist eine Europäische Nation. Es ist nicht Übersee! Du siehst: Politik wird ganz anders gemacht. „Ein Rädchen greift in ein anderes" und die Übergänge sind nahtlos. Die Reiche der Inkas, Mayas und Azteken gingen unter, und wir fragen: „Was fand da statt?"

Wir sehen, wie in Brasilien, Russland, Indien, China und Südafrika dieser BRICS entstand. Eine Bank, weg vom Dollar. Gerade heute war eine Bekanntgabe in der

Presse, dass Russland und Weißrussland übereingekommen seien, in Rubel zu zahlen. Die Amerikaner können nur die weltweite Führungsmacht einnehmen, aufgrund des Dollars. Eine Dollarnote ist nicht viel mehr als gedrucktes Papier; nicht einmal richtig gedeckt! Außerdem sind darauf Symbole der Freimaurer versehen! Die Pyramide mit dem darüber angeordneten Auge sind Ausdruck eines freimaurerischen Systems. BRICS etablierte sich auf der Weltenbühne. Immer mehr Völker nehmen Abstand von der Dollarwährung. Sie sehen sich genötigt, ihre Rohstoffe, das Öl usw., mittels der neuen BRICS Währung zu bezahlen. Wladimir W. Putin will vor allem eine multipolare Welt schaffen, weg von der Welt- bzw. Vorherrschaft der Amerikaner. Ich möchte mich hier nicht gegen die Amerikaner aussprechen, aber niemand darf den anderen beherrschen. Jedem muss Handlungsspielraum zugesprochen sein. Niemand darf manipuliert werden. Die Russen sehen in der BRICS-Staatenvereinigung einen festen Zusammenhalt, denn darin sind vierzig Prozent der Weltbevölkerung integriert. Darin ist Zukunft und Potenzial verborgen, was eine Konkurrenz zur Weltführungsspitze Amerikas, dem internationalen Weltwährungsfonds, darstellt. Die Welt lebt von Krediten. Von wem du einen Kredit beziehst, dessen Leibeigener bist du. Du gehörst der Bank. Dein Haus, dein Pkw, was auch immer, gehören der Bank. Schon wenn du dein Konto überziehst, bist du ihr Schuldner. Wladimir W. Putin geht es absolut nicht um das Erstellen neuer Machtblöcke, sondern darum, etwas zu bewegen. BRICS soll außerhalb des Einflussbereiches der USA und der UNO in der Lage sein, autonom zu agieren. Daraus geht eine Neueinteilung eines neuen Systems hervor, sodass kaum merklich und in einem nahtlosen Übergang nicht mehr in Dollar, sondern in BRICS abgerechnet wird.

Es gibt einen Unterschied zwischen Harmagedon und allem anderen! Gog ist nicht Harmagedon! Gog kommt aus dem Norden, während Harmagedon die Armeen der ganzen Welt beinhaltet. Gog kommt nicht, um Beute einzuholen. Harmagedon findet statt, um Israel zu vernichten. Deshalb spricht man von der großen Schlacht Harmagedon. Das Ende Gogs wird total anders als das von Harmagedon sein! „Das

Blut steht bis zum Saum der Pferde" lesen wir (vgl. Hes 38,15-16a). Der Herr führt Gog, doch Harmagedon wird von Satan eigens selbst geführt, wie aus dem Wort Gottes hervorgeht, das nachfolgend geschrieben steht: <u>Und ich sah das Tier und die Könige auf Erden und ihre Heere versammelt, Krieg zu führen mit dem, der auf dem Pferd saß, und mit seinem Heer (Offb 19,19).</u> Gog und Magog wird von Naturgewalten besiegt (s. Hes 38,22). Doch die Heere von Harmagedon werden durch das Schwert aus dem Mund Gottes getötet. Das geschieht durch Sein Wort, wie nachfolgend geschrieben steht: **Und aus seinem Munde ging ein scharfes Schwert, dass er damit die Völker schlage; und er wird sie regieren mit eisernem Stabe; und er tritt die Kelter, voll vom Wein des grimmigen Zornes Gottes, des Allmächtigen,** und trägt einen Namen geschrieben auf seinem Gewand und auf seiner Hüfte: König aller Könige und Herr aller Herren **(Offb 19,15f.).** Diese Informationen sind gut, um deine Kenntnisse über das Wortes Gottes zu erweitern. Sie sind nicht heilsnotwendig, aber wenn das alles um dich herum stattfindet, ist es gut, wenn du darüber Bescheid weißt.

Russland wird durch die Medien sehr stark dämonisiert. Man gewinnt den Eindruck, dass Wladimir W. Putin Satan in Person ist. Doch wenn du genau hinschaust, erkennst du, dass die ganzen NATO-Staaten nicht mehr als Hampelmänner sind. Sie folgen lediglich den Anweisungen Amerikas. Deshalb äußerte Donald Trump bei seinem Regierungsantritt, dass die NATO überholt sei. Und das ist auch wahr, denn die NATO war nur für die Verteidigung des Westens gedacht, zur Zeit, da sich der Kalte Krieg zutrug gegenüber dem Warschauer Pakt. Dieser ist bereits beendet, aber die NATO besteht immer noch! Als sich dann der Warschauer Pakt auflöste, griff die NATO als erstes diese eine Nation an: Jugoslawien. Dort schlug sie ein, zerbombte das Land und machte es klein.

Hebe deine Augen auf, denn deine Erlösung naht (s. Lk 21,28). Schau zum Osten, denn dort geht die Sonne auf! Schau nicht gen West, wo die Sonne untergeht.

Betrachte, was in der Welt stattfindet! Wofür steht Ost und West? Der Westen steht für Kapitalismus, Materialismus, Toleranz, Konsum und Geldgier, Ausbeutung des Menschen – ja, das ist der Westen. Schau genau hin! Studiere die Geschichte! Man sagt, Zivilisation und Demokratie ergeben Freiheit. Nein! Da ist nicht viel Freiheit da! Dort findet ein hektisches Leben statt, in dem Mann und Frau gleichermaßen ihr Geld verdienen müssen, um ihren Lebensunterhalt zu finanzieren. Ich war den Tränen nah, als ich unlängst von einem Bruder Post bekam, der mir mitteilte, dass er zwar eine gute Stelle habe und gut verdienen würde, aber dieses Geld nicht ausreichen würde, um die Miete zu bezahlen. Deshalb wohne er jetzt in einem Wohnwagen. Wegen der Toiletten würde er meistens an einem Friedhof parken. Er ist ein Computerfachmann, der eigentlich viel Geld verdient!

Und was die Hektik anbelangt: Im Westen geht es vor allem um Umsatz, Erfolg und darum, wer der Stärkste ist. Im Westen ist nur Lärm und Pomp. Dort geht es rasant zu. Weißt du, im Westen „geht die Sonne unter". Aus dem Wort Gottes geht hervor, was nachfolgend geschrieben steht: **Vom Aufgang der Sonne bis zu ihrem Niedergang sei gelobet der Name des HERRN! (Ps 113,3)** Denke darüber nach! Westen steht für *„Niedergang"*, also für Sonnenuntergang. Verhärtung, Religion, alte Machtstrukturen gehen unter. Das passiert im Westen! Im Westen legt man sich zur Ruhe und sagt: „Wir gehen schlafen." Die Sonne überschritt längst den Zenit! Das ist der Westen! Die goldenen Jahre sind vorbei!

Wofür steht der Osten? Sei nicht erschüttert über das, was ich verkündige. Der Osten steht für Sonnenaufgang und Aufbruch. Von dorther kommen die ganzen Religionen mit Meditation, der Innenschau, Geist und Wissen u. v. m. Westwärts von Babel ist ein anderes Geschehen als ostwärts davon. Dort herrscht ein anderes Verständnis; Weisheit. Die Leute sind mit dem zufrieden, was sie haben. In Kalkutta, der Klinik von Mutter Teresa, wollte ich ehemals einem armen, ganz verwahrlosten, verkommenen Bettelmönch, der halbtot an der Eingangspforte Platz genommen hatte, einen Dollar schenken. Doch er erwiderte nur: „Halte ein!" und fuchtelte mit den Händen. Ich fragte meinen Begleiter, warum er denn kein Geld annehmen wolle, woraufhin er antwortete: „Wenn du ihm auch nur eine einzige Münze gibst, zerstörst du sein Karma!" Dieser Mann will um keinen Preis noch einmal in diese Welt zurückkommen!

Der Osten steht für Mut. Denke an die Japaner! Denke an die Inder! Sie sind uns in der Computertechnik sehr weit voraus. Dort stimmt das soziale Gefüge noch! Ja, der aufgehende Osten! Da wird der Familie und dem Volk noch ein besonderer Wert beigemessen. In der Türkei ist es nicht viel anders. *„Hürriyet"* ist dort die meist gelesene Zeitschrift. Übersetzt heißt dieses Wort *„Freiheit"*. Folgende Überschrift kann man darin lesen: „Die Türkei gehört den Türken!" Stellt euch nur einmal vor, die Zeitschrift „Bild" würde nur an einem einzigen Tag kundtun, dass Deutschland den Deutschen gehören würde! Das wäre ein Aufschrei, eine Katastrophe, ein Skandal! Der Osten steht für ein neues Denken durch Erschließung der kausalen Zusammenhänge, Ursache und Wirkung, für Entwicklung, Reife und Weisheit.

Ich lese, was im Buch des Propheten Jesaja Kapitel 46 geschrieben steht: **Ich rufe einen Adler vom Osten her, aus fernem Lande den Mann, der meinen Ratschluss ausführe. Wie ich's gesagt habe, so lasse ich's kommen; was ich geplant habe, das tue ich auch (Jes 46,11).** Weiter lese ich, was im Evangelium nach Matthäus Kapitel 24 geschrieben steht: **Denn wie der Blitz ausgeht vom Osten und leuchtet bis zum Westen, so wird auch das Kommen des Menschensohns sein (Mt 24,27).** Nicht vom Westen, sondern vom Ostern her, fällt ein Blitzstrahl ein. Deshalb, ihr Westler, bildet euch nichts ein. Als ich damals von Indien und Pakistan nach Deutschland zurückkam, sah ich in Wien zum ersten Mal halbnackte Frauen auf Werbeplakaten. Die Menschen dort sind ganz normal. Sie sind noch anständig und nicht so verdorben wie hierzulande.

Die Ordnung der beiden Weltkriege geht zu Ende. Da, wo die Liga der Sieger triumphierte, der Völkerbund und derzeit die EU, oder auch die NATO, die im Jahr 1948 gegründet wurde, ist es marode und geht dem Ende entgegen! Wir wollen den Krieg gewinnen, aber weder die Panzer noch die Hubschrauber sind funktionstüchtig! Sie sollten sich schämen, verstehst du? Wir wollen eine Supermacht sein und sind nicht einmal in der Lage, unser Militär aufzurüsten! Vergiss, was während des Kalten Krieges alles stattfand, denn eine neue Ära beginnt! Wache auf! Gib acht auf die Signale und Zeichen! Und wenn du wahrnimmst, dass dieses alles geschieht, dann solltest du dich ins Gebet begeben und beten, wie du vielleicht noch niemals zuvor betetest! „Herr, erbarme Dich! Erbarme Dich unser!“ Da solltest du das Lied *„Großer Gott, wir loben Dich“* wieder ganz anders singen. *„Herr, erbarme Dich! Herr, begegne mir!“* Suche deinen Seelenfrieden! „Kaufe Öl für deine Lampe“! Löse dich von deinen Blockaden, die dich gefangen halten und dir deine Zeit rauben. Die Weltveränderungen werden so sein, wie während dem Fall der Mauer in Berlin. Plötzlich verkehrte sich die Welt! Nichts war mehr so wie früher! Über Nacht wurde alles anders! Eine tödliche Wunde wurde heil (s. Offb 13,3a). Genau so werden auch über Nacht diese weltverändernden Vorgänge stattfinden. Die Menschen waren geschockt und wussten eigentlich gar nicht, wie ihnen geschah. „Was ist passiert?“ „Ja, eigentlich nichts, aber wir haben die Reisefreiheit!“ So schnell wird das alles geschehen, wenn sich die Zeit erfüllte! Auf einmal war es den DDR-Leuten nicht mehr möglich, „die Uhr zurückzudrehen“. Es wurde ihnen mitgeteilt, dass die Freiheit da ist, und sie stürmten zu den Checkpoints.

Erwarte nicht den großen Krieg, sondern die klammheimliche, stille Veränderung! Plötzlich bist du in eine andere Welt versetzt! Du wachst morgens auf und alles hat sich verändert! Ich erinnere mich noch daran, wie mich meine Nachbarn fragten, was denn los sei, da sie so viel Lärm vernommen hatten. Sie verschliefen den Berliner Mauerfall! Plötzlich hatte sich so vieles verändert! Vielen anderen ging es ebenso. Sie verschliefen diese Veränderung. Deshalb, so viel es an uns liegt, sollten wir wach sein und beten: „Heiliger Geist, inspiriere und leite mich! Öffne mir meine Augen! Öffne mir meine Ohren, dass ich die Wahrheit erkenne und dass ich nicht zu spät bin und eines Tages vor verschlossener Tür stehe!" Die Entrückung fand statt und du warst nicht bereit. Es geht schneller als wir denken. Der Herr möge uns segnen.

Gebet: Vater im Himmel, ich danke Dir für Dein Wort. Dein Wort ist Kraft und Leben. Dein Wort ist Gnade, Güte und Barmherzigkeit. Dein Wort zeigt uns den Weg zum Himmel, und wir sollten ostwärts schauen, was dort alles passiert. Das, was in Russland, Europa, Amerika, Afrika stattfindet, soll uns aufwecken und wachrütteln. Das ist kein Zufall! Um der Heiligen und Erlösten willen, wegen dem Volk Gottes, findet das alles statt, damit es nicht verschläft. Herr Jesus, und Du fragst jetzt die Kinder Gottes: *„Konntet ihr denn nicht eine Stunde mit mir wachen?"* (Siehe Mt 26,40) Könnt ihr denn nicht eine Stunde mit mir beten?" Du kämpfst um diesen Planeten Erde, lieber Heiland. Du kämpfst um die Menschen. Dich interessieren Menschen und keine Dinge! Die Menschen sind Dir das Wichtigste. Du willst die Seelen der Menschen erretten, und dass das gelingt, darum bitte auch ich Dich von ganzem Herzen! Rette Du, Heiland, wen Du noch retten kannst, auch hier in dieser Stadt und in diesem Land. Herr, es geht um kostbare, edle Seelen, für die Du starbst. Herr Jesus, Du gabst Dein Leben hin, damit sie leben können. Segne auch jene, die Dein Wort jetzt hier vernehmen und verstehen, und wenn sie es nicht verstehen, hilf ihnen, dass sie „Licht bekommen in der Dunkelheit". Danke Vater! Amen

Teil 3

Predigt von Pastor Joh. W. Matutis

„Der Westen brennt"

Der Westen brennt

Der Herr ist meine Kraft! Der Herr ist meine Stärke! Lob und Dank! Preis dem Herrn! Heute werde ich mein Wächteramt gebrauchen! Als Wächter werde ich politisch etwas predigen und auch biblisch etwas begründen. Dazu lese ich als Eröffnungsvers den Psalm 113. Dieser Psalm ist von Asaf. Das Wort des Herrn, welches gemäß der Überlieferung aus der Heiligen Schrift offenbar wurde und nachfolgend niedergeschrieben ist, lautet wie folgt: **Vom Aufgang der Sonne bis zu ihrem Niedergang sei gelobt der Name des Herrn! (Ps 113,3)**

Die Welt befindet sich in Turbulenzen. Die sechste Sanktion gegen Wladimir W. Putin wurde verhängt. „Der Schuss, den die Politiker auslösen, geht eines Tages nach hinten los." Die Leute können viel tun, aber der HERR macht Geschichte! „Er schreibt auf krummen Linien gerade." Abermals: *„Vom Aufgang der Sonne bis zu ihrem Niedergang sei gelobt der Name des Herrn!"*

Mein heutiges Thema lautet wie folgt: Achtung, der Westen brennt! Es ist ein Weckruf! Also Achtung, denn der Westen brennt! Mit dem Westen meine ich Europa, Amerika und alles, was damit zusammenhängt. Warum? Weil die Macht westwärts verläuft. Sie begann einst in Babylon. Dort begann die ganze Heils- und Offenbarungsgeschichte. Ich denke nur an den Turmbau zu Babel, eigentlich ging die Geschichte von den Sumerern und Ägyptern aus (siehe 1 Mose 11,1-4). Von dort aus setzte sich die Macht westwärts fort. Im Osten geht die Sonne auf, und im Western geht sie unter. Wir sind jetzt in einer Phase – das darf ich einfach von der Heiligen Schrift her begründen – in der „die Sonne untergeht". *„Es kommt die Nacht, da niemand (mehr) wirken kann"*, ist einmal im Wort Gottes festgehalten (s. Joh 9,4b). Die Macht verläuft westwärts. Sie war zuerst in Babylon – die Hetiter, die Assyrer, die Griechen – dann setzte sie sich fort über Rom, Deutschland bzw. das Heilige Römische Reich Deutscher Nationen – das fast eintausend Jahre Macht besaß – und weiter verlief sie über England und die USA als letzte Nation, und nun beginnt „die Sonne wieder vom Osten her aufzugehen". Es geht alles von China aus. Alles konzentriert sich derzeit auf den pazifischen Raum.

Geheime Mächte steuern die Welt, was das auch immer heißen mag. Auf jeden Fall: Satan ist der Fürst dieser Welt. *„Das alles"* – alle diese Reiche – *„will ich dir geben, wenn du niederfällst und mich anbetest"*, teilte er dem Heiland mit (s. Mt 4,9). Doch der Herr Jesus ging nicht auf die Knie, sondern blieb standhaft und sprach, was nachfolgend geschrieben steht: <u>Da sprach Jesus zu ihm:</u> **<u>Weg mit dir, Satan! Denn es steht geschrieben: »Du sollst anbeten den Herrn, deinen Gott, und ihm allein dienen.« (Mt 4,10)</u>** Das ist dieser Weckruf, der mir als Wächter anheimgestellt wurde. Wir sollen allein Gott dienen und uns nicht an der Welt orientieren und daran, was sie alles verrichtet! „Die Welt steht in Flammen!" Die Welt geht unter! „Diese Flammenschrift steht schon an der Wand", so wie es sich damals bei Belsazar zutrug, was so viel bedeutet wie: *„Gewogen, gewogen und zu leicht befunden."* (Siehe Dan 5,27)

Bilderberger und die Globalisten wollten eine große, einheitliche Welt schaffen. Doch dieses Vorhaben misslang; alles brach zusammen durch Wladimir W. Putin. Nun wird er verteufelt, verdammt und beschimpft. Wir werden belogen und merken es meistens gar nicht, weil die Lüge schön sanft verpackt ist in Wohlstand und Sanktionen. Aber diese Sanktionen griffen bis heute nicht! Unser Volk wird manipuliert von der Elite, den Politikern. Es ist eine unsichtbare Elite, die uns manipuliert! Der Gold- und Silberpreis wird manipuliert, die Brotpreise werden manipuliert u. v. m. Mache dich darauf gefasst, dass der Benzinpreis bald drei Euro kosten wird, wenn es so weitergeht. Lebensmittel wie Brot u. a. werden teurer, und alles andere auch. „Die Welt steht in Flammen!" Das muss ich sagen! Es wird nicht mehr so leicht sein wie zuvor! Sie erzählen uns Märchen, „streuen uns Sand in die Augen" und sagen: „Es wird alles gut werden!" Es wird nichts mehr gut werden! Das ist vorbei! Das gilt schon seit Jahrzehnten, nicht erst seit heute.

Heute betrachte und streife ich u. a. den Propheten Nehemia, der Jerusalem aufbaute. Jerusalem lag einmal in Schutt und Asche. Die Stadt Gottes nebst dem Tempel war niedergerissen. Nehemia tat, was er konnte. Er sprach den Leuten Mut zu. Und ich möchte heute auch gleichzeitig aus dem Wächteramt heraus, das ich wahrnehme, den Leuten Mut zusprechen: Gib dich nicht auf! Der Herr bringt die Seinen durch!, selbst dann, wenn sie „durch die Hölle" gehen müssen, selbst dann, wenn sie „durch den Feuerofen" gehen müssen (s. Dan 3,21), und selbst dann, wenn sie „durch die Löwengrube" gehen müssen (s. Dan 6,17). Der Herr wird uns durchbringen, wie auch immer! Er hat Mittel und Wege genug! Ein Bibelvers lautet, wie geschrieben steht, siehe hier: **<u>Wo das Aas ist, da sammeln sich die Geier (Mt 24,28).</u>** Ich weiß nicht, ob du so etwas schon einmal beobachtet hast. Sobald sich irgendwo Aas befindet, kreisen die Geier und wollen das bisschen Fleisch, was die Menschen noch haben, was die Menschen noch sind, entwenden. Die westliche Welt ist „Aas, verfault am lebendigen Leib".

Wir verlieren den Komfort. Es wird ungemütlich in dieser Welt. Alles verteuert sich. Alles wird unbezahlbar. Die Miet- , Heiz- und Benzinkosten steigen. Alles steigt. Wir stehen kurz vor dem Untergang. Du sagst: „Ja, ich weiß nicht, ich spüre nichts!" Ja, warte einmal ab, bis die Sanktionen greifen! Wie bereits erwähnt, „geht der Schuss nach hinten los". Auf der ganzen Welt ist eine Inflation ausgebrochen. In Amerika liegt die Inflationsrate bei mindestens sieben Prozent. Jetzt wollen sie die Rente erhöhen. Wenn du fünf Prozent Rentenerhöhung bei einem Inflationswert von sieben Prozent erhältst, wirst du noch draufzahlen müssen! Deshalb vergiss deine Rentenerhöhung! Damit kannst du nichts anfangen! Oder du wirst womöglich in einer anderen Kategorie angesiedelt, in der du draufzahlen musst. Das stelle ich dir in aller Liebe anheim. Lass dich nicht vertölpeln und verdummen! Alles wird entweder überspielt oder heruntergespielt. Der Herr regiert und „schreibt die Geschichte". Er lässt Wladimir W. Putin u. a. gewähren, warum auch immer. Ich werde ein paar Gedanken äußern, warum Er das zulässt.

Der Herr redet unmissverständlich. Wollen wir es hören? Wollen wir es begreifen? Und ich möchte ausrufen: Wacht auf!, bzw. *„Wachet auf, ruft uns die Stimme!"*, eben das, was Martin Luther einmal verfasste und dichtete, als die Türken kurz vor Wien standen. Der Herr spricht! Er beschreibt uns hier die Weltgeschichte im Telegrammstil. *„Vom Aufgang der Sonne bis zu ihrem Niedergang sei gelobt der Name des HERRN!"* Er hat alles unter Kontrolle! Er hat alles in der Hand! Er kontrolliert und steuert die Kriege und dann auch noch die Herzen der Menschen wie Wasserbäche (vgl. Spr 21,1). „Die Sonne geht unter." Nacht und Dunkelheit treten hervor. Es wird ungemütlich! Du willst auswandern, aber wohin willst du gehen? Überall sind Not und Probleme! Alles wird enger. Der Wohlstand zerbröckelt mehr und mehr. Es geht nach Hause. Wohin? Zum Herrn natürlich! Der Sommer ist bald vorbei und viele „brachten die Ernte noch nicht ein!" So steht es einmal in der Heiligen Schrift (s. Jer 8,20). Ja, *„es kommt die Nacht, da niemand (mehr) wirken kann"*.

Die Globalisierung zerbricht! „Dunkle, finstere Wolken ziehen am Horizont auf." Wenn du sehen könntest, was sich in der geistlichen Welt zuträgt, würdest du gar keinen Schlaf mehr finden in der Nacht! Nicht der Osten „brennt", sondern der Westen! Ja, der Westen brennt! Das teile ich euch in aller Liebe mit. Die Amerikaner und die Westler sind überschuldet! „Die Immobilienblase platzt bald!" Die Amerikaner und die Westler sind stolz und größenwahnsinnig! Sie äußern überhebliche Worte wie: „Wir machen sie fertig! Wir werden das erledigen!" Sie liefern fortwährend Waffen, aber diese Waffen muss auch irgendwer bezahlen! Pass auf, was da noch alles nachfolgt!

Der Untergang ist da, so wie es einst in Israel war. Israel stand auch einst vor dem Niedergang. Die Propheten warnten, doch sie hörten ihnen nicht zu. Man hörte ihnen nicht zu und nahm sie nicht ernst, gleich Belsazar: er feierte, nahm die heiligen Gefäße und lästerte gegen den Herrn, während die Meder und Perser bereits die Stadt umlagerten und einnahmen (s. Dan 5,1-4.28). Weißt du, wie das passierte? Sie leiteten das Wasser vom Euphrat um und marschierten trockenen Fußes in die Stadt hinein, und zwar unter der Stadtmauer hindurch. So nahmen sie Babylon ein. In dem Moment, da Daniel die Schrift an der Wand (s. Dan 5,25-28) deutete, trat Belsazar ein. Daniel sprach: „Behalte deinen Plunder selbst" (s. Dan 5,17a). „Ich will deine Goldketten, Medaillen und Auszeichnungen nicht haben." Außerdem: „Heute Nacht wird man dein Leben fordern." (Siehe Dan 5,30) Ja, diese Geschichte fand statt. Die Welt ist heute genauso, wie sie damals zur Zeit des Königs Belsazar war: *„Gewogen, gewogen und zu leicht befunden."* (Siehe Dan 5,27) Das betrifft vor allem den Westen. Die ganzen Christen – ja, wo sind sie denn überhaupt? Bald hat der US-Dollar nicht mehr den Status der Weltwährung. Bald werden diese Geldscheine nur noch besseres Toilettenpapier sein. Die amerikanische Überlegenheit auf allen möglichen Gebieten besteht nur noch auf dem Papier. Aber sind sie es denn wirklich? Sie zogen ihre Truppen aus Afghanistan ab und zogen sich zurück. Die Bundesrepublik verhält sich genauso. Sie zieht sich aus Mali, Westafrika, zurück. Dort wollten sie auch die Demokratie verteidigen.

Die Bilder des 21. Jahrhunderts von Amerika wandelten sich radikal. Betrachte sie: defekte Straßen, Industrieruinen in großen Metropolen wie Chicago und anderswo. Banden in den Großstädten schießen wie Pilze aus dem Boden! Das Land selbst ist hoch verschuldet und bald Konkurs! Ständig wird Geld gedruckt! Mehrere hunderttausend Dollar übergeben sie jetzt den Ukrainern! Aber irgendwo muss das Geld ja auch herkommen! Es muss bezahlt werden, und – es bezahlen die armen Leute! Die USA zeigt alle Symptome einer Weltmacht, die „ihren Zenit bereits überschritt". In den „Startlöchern" stehen schon längst andere Nachfolger. Jetzt tritt

China nebst dem gesamten pazifischen Raum auf. Lerne aus der Geschichte! Eine alte Weltmacht wird immer von einer neuen abgelöst! Genau so erging es den Babyloniern, den Assyrern, den Griechen, den Römern usw. Auch die Römer wurden nach etwa vierhundert Jahren abgelöst. Auch Deutschland wurde abgelöst. Und so vollzog es sich auch bei dem Ausstieg der USA. Deren Niedergang leitet sich ein.

Ich gehe nun auf die europäischen Großmächte ein: Im Jahr 1898 ging Spanien unter. Man sagt: *„Die Sonne geht in Spanien nicht unter."* Doch, sehr wohl! Sie ging schon unter! Das Deutsche Kaiserreich ging unter. Das Britische Reich ging im Jahr 1945 unter. Im Jahr 1991 löste sich die Sowjetunion auf. Warum? Weil sie die Marktwirtschaft nicht begriffen hatte. Sie hatte nur Rüstungskosten, baute Waffen, rüstete auf und rüstete immer weiter auf. Sie wollte Amerika übertrumpfen und demonstrieren: „Wir!" Doch was wurde aus der Sowjetunion? So wurde die USA zur Supermacht der Erde. Nachdem sie den Höhepunkt erreicht hatte, geht es nun bergab. Der Zerfall bricht an.

Im Westen, also hier bei uns, herrscht Sorglosigkeit. Wer macht sich Sorgen und Gedanken etwa wie folgt: „Wie geht es mit uns weiter?" Überall baut man „das Haus auf Sand". Sorglosigkeit und Gedankenlosigkeit macht sich auf allen Ebenen breit! Das ist die Leitkultur des Westens! *„Und sie beachteten es nicht"*. (Siehe Mt 24,39a sowie Mt 24,38) Die Geschichte wiederholt sich! Es gibt nichts Neues unter der Sonne (s. Pred 1,9b). Ja, *„und sie beachteten es nicht"*. Amerika befindet sich in einer massiven Abwärtsspirale, weil Gott aus Amerika auszog! Sie proklamieren längst nicht mehr: „Wir setzen unser Vertrauen auf Gott!" Früher enthielt die Dollarnote die Aufschrift *„Wir vertrauen Gott"*. Aber das wurde längst gestrichen! Man vertraut nicht mehr dem Herrn, sondern setzt sein Vertrauen auf die Politiker! Donald Trump rief während seines Machtantritts die Worte aus: *„America first!"* Man wird nationalistisch. Man will etwas aufbauen und erhalten. Jetzt wollen sie in Amerika die Abtreibung freigeben. Sie wollen die Gesetze verändern. Viele Leute setzen sich deswegen zur Wehr. Es liegt nicht an den Gesetzen, dass es bergab geht, sondern es liegt an den Menschen, dass es bergab geht! Die Sünde holt sie ein! Jemand rief mich neulich an und sagte: „Wenn Amerika nicht vom Gericht Gottes heimgesucht wird, muss der Herr zur Erde hinabfahren und sich bei Sodom und Gomorra entschuldigen." Weshalb? Betrachte, was alles in Amerika stattfand! Billy Graham gab zu seinen Lebzeiten über Amerika das folgende Statement ab: „Je weiter wir uns von Gott entfernen, desto mehr gerät die Welt außer Kontrolle." Ja, das ist wahr! Den folgenden Psalm solltest du einmal ganz durchlesen, denn hier erfährst du, was in Amerika vor sich geht. Die Treuen und Gottesfürchtigen verschwinden. Die Heiligen nahmen ab, wie geschrieben steht, siehe hier: **Hilf, HERR! Die Heiligen haben abgenommen, und treu sind wenige unter den Menschenkindern (Ps 12,2).** Wo findest du noch Heilige? Du findest Pastoren, Evangelisten, Bischöfe, sogar den Papst, aber du findest keine Heiligen mehr! Wo blieben die Heiligen? Wo sind die treuen Gläubigen, die „das Salz der Erde" (s. Mt 5,13) und „das Licht der Welt" (s. Mt 5,14-16) sind? Diese, die da aufstehen und das Wächteramt ausüben, sind nicht mehr da! Wo sind „die Wächter auf Zions Mauern" (s. Jes 62,6a) denn eigentlich, wenn man so fromm redet in kanaanäischer Sprache. Ja, wo sind sie denn eigentlich? Das Land versumpft in Unmoral! Ich denke nur daran, was bei uns passiert. Hier ist es genauso schlimm! Der gesamte Westen versinkt in Dreck und Schmutz! Der Westen brennt! Er ist gerichtsreif!

Neulich riefen sie auch eine Sanktion gegen den Patriarchen Kyrill I. aus. Auch ihm wurde ein Reiseverbot erteilt! Er ist eine unerwünschte Person! Die russisch-orthodoxe Kirche, welcher dieser Patriarch Kyrill I. vorsteht, durchschaut die Lage und äußert Folgendes: „Der Westen ist unmoralisch." Er verlieh Wladimir W. Putin den Segen und äußerte: „Räume mit dem ganzen Shit auf! Entnazifiziere die Ukraine und lasse alle Dämonen abziehen!" Sie waren vorerst wider Gott, doch jetzt sind sie extrem für Gott. Sie sind gegen die Homosexualität und gegen dieses und jenes. Sie sind wider den ganzen Schmutz, der von dem Westen ausgeht. Sie geben Statements ab, wie z. B. das folgende: „Durch den Krieg in der Ukraine will der Herr den westlichen Sündenpfuhl aufräumen." Homosexualität ist dabei eines der wichtigsten Themen! Außerdem die Drogensucht, obwohl sie selbst Probleme mit Drogen hatten, als sie in der Sowjetunion noch gottlos waren. Patriarch Kyrill I., der gleich dem Papst das Oberhaupt der russisch-orthodoxen Kirche ist, vertritt die folgende Meinung: „Der Westen ist gerichtsreif, denn er ist in schwere Gräueltaten und Sünden verstrickt!" Das meint er und das verkündigt er. Wladimir W. Putin glaubt es und lässt sich nicht von seinem Weg abbringen. Während einer Videokonferenz am 16.03.2022 – es ist noch gar nicht so lange her – telefonierte Papst Franziskus mit Kyrill I. Sie sprachen über die jüngsten Geschehnisse in der Ukraine. Der Geistliche äußerte unverblümt das Folgende: „Das kann der Herr nicht akzeptieren! Die westliche Welt ist gerichtsreif!" Papst Franziskus war darüber entsetzt, und erwiderte ihm Folgendes: „Wie kannst du so kleinkariert denken?" Er hielt es für angebracht, das Telefonat zu beenden und sich nicht weiter mit ihm zu befassen. Die Freie Presse vom 18. März 2022 berichtete wiederum darauf mit folgender Überschrift: *„Papst geht auf Distanz mit dem Patriarchen"*. Verstehst du? Dieser Papst segnet die Homosexuellen! Kyrill I. sagt: „Nein, das wollen wir nicht! Wir wollen so leben, wie es Gott gefällt. Deshalb räumen wir mit diesem ganzen Shit auf!" Er segnete diese ukrainische Invasion ab und sagte: „Der Ostukraine wurde die Verderbtheit und Perversion des Westens durch den Maidan aufgezwungen." Das fand damals durch die Maidan-Revolution statt. Wörtlich erwähnte Kyrill I. das Folgende: „Die Schwulen-Paraden, die durch Kiew zogen, sind Gräuel vor Gott!" Wir erlauben diese Schwulen-Aufmärsche hier bei uns. In unseren Städten dient man der Sünde! Es kann wohl jeder tun, was er will, aber er sollte dem Herrn die Ehre geben! *„Vom Aufgang der Sonne bis zu ihrem Niedergang sei gelobt der Name des Herrn!"*, also nicht Dreck, Schmutz und Gräuel! Patriarch Kyrill I. gab das folgende Statement ab: „Es geht um etwas anderes, und zwar um etwas sehr Wichtiges: es geht um das Seelenheil der Menschen!" Gerade auch derzeit im Zusammenhang mit dem, was in der Ukraine passiert, geht es um das Seelenheil der Menschen! Bei diesem Krieg, den ich nebenbei bemerkt weder für gutheiße noch befürworte, geht es um etwas ganz anderes! Es geht um das Seelenheil der Menschen! Mit anderen Worten ausgedrückt, führt Wladimir W. Putin aus der Sicht des Patriarchen heraus in der Ukraine einen heiligen Krieg. Aus diesem Grund lässt er sich davon nicht abbringen. Deshalb ist er so stur! Seiner Ansicht nach führt er einen heiligen Krieg gegen diese ganze Gottlosigkeit und wider alles Gottlose. Er kommt seiner Meinung nach einer heiligen Spezialmilitär-Aktion nach. Du musst die Hintergründe dieser ganzen Geschichte erkennen! Der Westen brennt, und die Machthaber verstehen nicht, warum. Der Patriarch und Wladimir W. Putin treten vereint gegen die Homophobie und gegen die Homosexualität insgesamt auf.

Gleich Nebukadnezar – studiere diese Geschichte der Bibel! –, der vor 2500 Jahren mit seinem Heer von Soldaten den Westen besiegte, den Tempel Israels niederbrannte und zerstörte, und die Juden in alle Herrenländer bzw. in sein Reich nach Babylon verschleppte, findet heute dasselbe in der Ukraine statt. Das betrifft die ganze Welt. Der Westen versucht, sich zu isolieren und proklamiert: „Wir wollen Demokratie!" Doch, in aller Liebe, die meisten wissen überhaupt nicht, was Demokratie ist! Auch damals sagten die babylonischen Offiziere zu den Juden: „Das findet aufgrund eurer Sünden wie Götzendienst und Unzucht statt!" Genau das riefen die Babylonier damals aus: „Der Herr lässt euch fallen! Der Herr ist nicht mehr mit euch! Ihr könnt den Tempeldienst verrichten, opfern, räuchern, singen, musizieren, den Herrn loben und preisen und was auch immer, der Herr weilt nicht unter euch!" (Siehe Am 5,21ff.) Das ist ein Weckruf!

Amerika und die Europäische Gemeinschaft – das gilt seit der Maidan-Revolution – haben diesen Schmutz von Homosexualität, der sexuellen Vielfalt, Pornographie, Unzucht, Zuchtlosigkeit u. v. m. eingesetzt und eingeführt, und zwar nach der Devise: „Jeder soll sich frei entfalten!" Für mich ist der Herr ein Gott der Ordnung. Er ist derjenige, der die Menschen führt, leitet und steuert! Deshalb ist mir so sehr wichtig, dass wir hier Gottes Willen tun, auf Sein Wort achten und nach Seinen Geboten leben! Alles, was den Zorn Gottes herausfordert, wird auf die Spitze getrieben! Alles geht diesem dunklen Punkt entgegen. Es gibt kein Zurück, kein Rückwärts mehr. Die Ukraine sucht Hilfe bei Amerika, weil sie deren Werte aufsog und verinnerlichte! Sie ist mit den Werten des Westens vereint und verbunden! Der Herr gab sie dahin! Das ist die Sache! Damals war das die gleiche Sünde, doch sie erkannten es nicht (s. Röm 1,18ff.). Die meisten Menschen wissen nicht, dass die sogenannte *„Hure Babel"* nichts anderes als Amerika selbst ist, welche die heutige Supermacht darstellt, also die nächste Supermacht, das „Sodom und Gomorra". Von dort aus findet die Verbreitung sämtlicher dreckiger, schmutziger Filme statt, die wider die Moral der Menschheit und entartet sind. Hollywood! Was dort stattfindet, wird innerhalb einiger Wochen, Monate oder Jahre über den großen Teich hinüber zu uns geschwemmt.

Der ukrainische Präsident W. Selenskyj lobte am 02. März 2022 vor der französischen Nationalversammlung die Französische Revolution, von welcher der Slogan „Freiheit, Gleichheit und Brüderlichkeit" ausgeht. Er lobte sie, als er es per Videoübertragung der Nationalversammlung mitteilte. Eigentlich sollte er wissen, dass Kämpfer der Französischen Revolution, wie z. B. Napoleon Bonaparte, der bald darauf ein Diktator und sogar ein Kriegsherr war, ganz Europa in Brand setzte! Das vergaß er! „Französische Revolution!" Er ließ durch einen Erlass in der Ukraine alle nationalen Fernsehsender verbieten. Er will „alles unter ein Dach" bringen. Gedankenkontrolle! Nur noch Freiheit, Freiheit, Freiheit, Freiheit, Freiheit und Freiheit! Doch wo führt uns diese Freiheit hin? Gott wird sich noch für Sein Gericht über Sodom und Gomorra entschuldigen müssen, wenn Er das alles zulässt, was gerade augenblicklich in der Welt stattfindet! W. Selenskyj entwickelt sich langsam, aber sicher zu einem Diktator.

Die Weltmächte werden immer noch abgelöst. Die eine Supermacht dient aus, und eine nächste beginnt usw. Ich denke an die Geschichte – ich liebe die Geschichte!, und ich befasste mich gern damit während meiner Schulzeit –, und zwar an den 29. Oktober 1588, Da gab es die große Schlacht zwischen Spanien und England, die im Ärmelkanal ausgefochten wurde. Damals wurde die große Armada von den Engländern besiegt. Zunächst einmal gab es wochenlang Stürme. Von fünfhundertzehn Schiffen strandeten viele. Das Ergebnis dieser spanischen Arroganz, die wie folgt lautete: *„Unsere Sonne geht nie unter!"*, war, dass sie doch unterging, und zwar im Ärmelkanal als deren Armada unterging. Ein wochenlang andauernder Sturm vernichtete viele Schiffe. Zwölftausend spanische Soldaten starben, als die Schiffe kenterten. Diejenigen Schiffbrüchigen, die gerettet wurden und ans Land gelangten, wurden erschlagen. Das betraf zwölftausend von den dreißigtausend Soldaten, die damals den Krieg bestritten. England feierte den Sieg als Rettung für unseren Untergang. Das ist die reine Geschichte. Eine Macht wird von einer anderen abgelöst. So wie ich es euch zuvor verkündigte. Dadurch brach das spanische Weltreich zusammen. Es war eine finanzielle Not vorhanden, die zum Bankrott führte. Die Ursache für die Niederlage Spaniens war weder die Armada noch der Sturm noch das Zusetzen der Engländer, sondern eine finanzielle Not. Sie waren finanziell ruiniert. Sie wollten etwas bewegen. Dieses Weltreich war genauso vom Untergang bedroht wie jetzt auch. Die immensen Verwaltungskosten „fraßen die ganze Kolonialmacht nebst ihrer Gewinne auf". Und der Krieg „frisst die Leute auf"! Nicht nur etwa, dass sie sich gegenseitig abschlachten, sondern sie erliegen auch einer finanziellen Not. Ich denke auch an den Seehandel, den die Spanier damals betrieben. Das fand später auch bei den Briten statt. Die Seewege und erhabenen Stützpunkte überall auf der Welt, die sie von den Spaniern übernommen hatten, mussten unterhalten, beschützt und überwacht werden. Das war mit einem großen finanziellen Aufwand verbunden. Jetzt wird auch so viel Geld in den Krieg investiert und der Ukraine übertragen! Wir Deutschen müssen das alles bezahlen eines Tages! Und wir rüsten noch dazu auf! Ich habe nichts dagegen. Jedes Land soll sich verteidigen. Jedes Land soll sein Bestes geben. Aber das Aufrüsten der

Rüstungsunternehmen treibt uns in den Ruin! Wer soll das alles bezahlen? Der arme Bauer und der arme Arbeiter müssen das tun!

Das British Empire geriet, ähnlich wie die USA heute, in eine große Schuldenkrise hinein. Als im Jahr 1914 – ich werfe nur einen Blick in die Geschichte und wiederhole, dass „der Westen in Flammen aufgeht" – in Europa der Erste Weltkrieg ausbrach, besaß England einen Berg Schulden! Schulden spielen immer eine große Rolle! Durch den Zweiten Weltkrieg spitzte sich das noch zu. Großbritannien stieg zwar als eine Siegermacht auf, war aber finanziell ruiniert und bankrott! Genau das meine ich damit, dass der Westen brennt. Sie verbrennen das Geld der armen Leute!

Was ist eine Weltmacht? Nun kannst du eine Konsequenz und Lehre aus dem Untergang des Spanischen Königreichs oder auch des British Empire ziehen! Sie haben die Schulden nicht im Griff! So auch wir! Wir haben unsere Schulden auch nicht im Griff! Warte einmal ab, was das noch alles nach sich zieht! Es wird alles teurer! Sie können ein paar Zuschüsse zahlen und die Leute für drei Monate mit einem 9-Euro-Ticket durch die Gegend tingeln lassen, oder hier und dort etwas hinzufügen, aber die Schulden haben weiterhin Bestand!, und sie „fressen das Volk auf"! Wie sieht es denn in den USA aus? Geschwister schrieben mir aus Los Angeles. Jener Mann, der ein Computerfachmann ist, teilte mir das Folgende mit: „Ich verdiene gar nicht so schlecht, eigentlich sehr gut, aber es gelingt mir nicht, meine Miete zu bezahlen!" Er wohnt in einem Wohnwagen, und das schon seit ein paar Jahren! Es gäbe noch so viel mehr zu verkündigen! Ich könnte euch Geschichten erzählen! Zur Zeit geben die Vereinigten Staaten von Amerika achtmal mehr Geld aus als sie einnehmen! Wer soll das alles bezahlen? Der Westen steht in Flammen! Wie wichtig sind z. B. vergleichsweise die Erdölimporte der USA, wenn du genau betrachtest, studierst und nachrechnest, was daraus erwächst! Amerika kann höchstens neunzig Tage ohne Erdöleinfuhr, auch von Russland, überleben! Die Amerikaner beziehen das Erdöl aus Russland! Darüber wird weder groß geredet noch debattiert. Nur Europa bauscht dieses Thema auf! Industrie, Infrastruktur und Militär werden zusammenbrechen. Kein anderes Land ist so sehr vom Öl abhängig wie die USA; dasselbe gilt für Gas. Es wird ihnen zwar schon gelingen, die Gase noch irgendwie nach Außen zu bringen, das schon, doch wenn das Öl einmal ausgeht, findet in den USA dasselbe statt wie ehemals in Rom, als die Römer den Zugang zum Getreide, der sogenannten Kornkammer Ägyptens, verloren. Da ist der Untergang vorprogrammiert!

Der Westen brennt! Dort geht bald „die Sonne unter". Das ist meine heutige Botschaft. Ich möchte einfach nur sagen: Schlafe nicht! *„Wachet auf, ruft uns die Stimme!"* Es ist wichtig, dass wir wissen, worauf es wirklich ankommt, auch was unser Leben betrifft. Der kapitalistische Materialismus geht genauso unter, wie der kommunistische Materialismus unterging! Die Sowjetunion „ging zwar unter", aber sie fing sich wieder! Der Herr sorgt dafür, dass auch der kapitalistische Materialismus untergeht. Im Jahr 1980 musste die Sowjetunion, bzw. die UdSSR, das Sechsfache ihres Bruttoinlandsproduktes für die Erhaltung des Militärs finanzieren! Dadurch ging sie bankrott! Wer nur das Militär unterstützt und dafür arbeitet, jemand anderen zu übertrumpfen, und auch dafür, seinen eigenen Stolz herauszustellen, so jemandem widerfährt das! Überlege einmal, das ist sechsmal mehr als das Erwirtschaftete! Zehn Jahre später löste sich dann die Sowjetunion auf. Und, fast wie ein Wunder, weitgehend friedlich!, weil das Regime aus Afghanistan damals abgezogen war. Das war ihr wirtschaftlicher Kollaps! Die Russen verausgabten sich in Afghanistan! Ich bin froh, dass meine Eltern ausgewandert sind, denn sonst wäre ich damals in der Sowjetunion auch „Kanonenfutter" für Afghanistan geworden. Sie zogen sich zurück und gaben auf, weil das Regime merkte, dass es nicht erfolgversprechend war. Sie gingen in den Kollaps. Misswirtschaften und Rüstungskosten ruinierten damals die Sowjetunion. Die USA führen seit zehn Jahren Krieg gegen den Terrorismus, der die USA, gleich der UdSSR, in finanzielle Bedrängnisse bringt! Aufgrund von Lügen marschierten sie in den Irak ein! Nur aufgrund von Lügen! Mir ist gleich, was im

Einzelnen vorfiel, auf jeden Fall fand ein finanzielles Ungleichgewicht statt. Ich kann nicht mehr ausgeben als ich habe! Alles andere wäre Unfug! Was ich nicht habe, kann ich auch nicht ausgeben!

Seit Alt-Ägypten, dem Zeitalter der Pharaonen, bis heute – verschlangen die Rüstungskosten der Nationen Milliarden um Milliarden und trieben die Völker in den Ruin! In Ägypten bauten sie Pyramiden als Prestigeobjekte. Sie beschäftigten Arbeiter, und Rohstoffe sowie Geld wurden verschlungen! Als sich die Ägypter schließlich den Römern unterwarfen, glich das Reich der Pharaonen nur noch einem Schatten! So, wie sich England, Frankreich, Spanien und alle europäischen Nationen unterwarfen und ihre Macht abtraten, trägt es sich heutzutage in Amerika zu. Als sie am größten und am stärksten waren, gingen die Reiche unter. Amerika „liegt im Sterben". Stillstand ist immer ein sicheres Zeichen für Überalterung. Amerika geht unter. Es passiert nichts Neues mehr. Sie können es nicht mehr regenerieren! Donald Trump versuchte es ein wenig, und Joe Biden wird es auch nicht schaffen. Das teile ich dir in aller Liebe mit. In den USA lehnen immer mehr US-Bürger den gesellschaftlichen Wandel ab. Wer will sich schon verändern? Willst du dich verändern? Wenn es darauf ankommt, kannst du das Leben gewinnen! Du musst dich nur ein bisschen verändern. Derzeit predigen uns Parteien wie „Die Grünen" u. a., dass wir uns auf teure Zeiten einstellen müssen, und das mit der folgenden Parole: „Der Frieden und die Freiheit müssen teuer bezahlt werden!" Der Westen brennt! Die Welt ist in einer Umbruchphase. Große Veränderungen sind vorausgesagt und „werfen ihre Schatten voraus", auch wenn es niemand glauben will. Einen Stillstand kann sich keiner mehr leisten, das betrifft auch die USA.

Mehr als eintausend Jahre war China z. B. eine Supermacht, obwohl kaum einer in Europa wusste, dass es sie überhaupt gibt. China blieb von der anderen Welt unbemerkt. Sie versuchten auch nicht, in Richtung Europa auszubrechen. Der Grund war, dass das Land zu sehr mit sich selbst und mit den Machtkämpfen unter sich beschäftigt war. Um 475 v. Chr. kämpften sieben Dynastien um die Vorherrschaft im Land. So war es „das Reich der Mitte". Erst zweihundertvierundfünfzig Jahre später gelang es der Qin-Dynastie, China zu einem Reich zu vereinen. Sie blieben nach wie vor dort, wo sie waren. Sie waren nur eingemauert. Seit Anfang des 19. Jahrhunderts überflutete dann das British Empire im Stil der mexikanischen Drogenkartelle China mit Rauschgift, das von Indien bezogen wurde. Sie pumpten China mit Gift, also mit Opium, voll! Die Folge davon war, dass sie alle benebelt und berauscht waren! Im Taiping-Aufstand, da sie es aufgaben, starben fast 20 Millionen Chinesen! Das Reich ging unter! China verlor am Drogenhandel! Diese frommen, religiösen, puritanischen Engländer beteiligten sich daran! Sie pumpten sie mit Rauschgift voll! Schlimm! Wir müssen aufpassen! Wir dürfen nicht jeder Regierung glauben! Glaube an die Bibel! Glaube an Gottes Wort und lebe richtig!

Die Vereinigten Staaten Amerikas stehen heute vor ähnlich dramatischen Problemen. sechsunddreißig Millionen Amerikaner konsumieren pro Jahr dreihundertfünfzig Tonnen Kokain! Das ganze Volk ist rauschgiftsüchtig! Über die mexikanische Grenze werden die Drogen ins Land geschmuggelt. Jährlich wandern dreißig Milliarden Dollar in die Hände der Drogenkartelle. Mittlerweile besitzen die Drogenkartelle mehr Geld als so mancher europäischer Staat. Sie sind in den USA sehr einflussreich. „Freiheit, Gleichheit, Brüderlichkeit!" Dieser Aufruf war für Napoleon bedeutsam. Das stelle ich nur in aller Liebe fest. Das waren damals große Schlagworte! Dadurch kam er an die Macht und verblödete und verdummte die Nationen! Die Leute, auch in Europa, waren damals während der Kaiserzeit von der Französischen Revolution begeistert. Napoleon ging in dieser Mission auf die Reise. Er beabsichtigte, ganz Europa aus den Ketten der Monarchie zu befreien. Das fand auch in Österreich, Frankreich und in vielen anderen Nationen statt. Dieser Mann war ausgezogen, die Adelsherrschaft in Europa zu beenden und begann, sich in Widersprüchen zu verstricken! Am Schluss, da er auf St. Helena verbannt wurde, wollte er selbst nach Amerika auswandern. Er, der Königshasser, ließ sich selbst zum Kaiser krönen! Er setzte sich selbst die Krone auf! Lies, studiere und betrachte einmal die Geschichte! Er verspielte so die Sympathien der freiheitlichen Europäer! Sein Wille, Europa neu zu gestalten, verkam in einer reinen Machtpolitik, bis es ihn in den Größenwahn trieb. Er marschierte bis nach Moskau. Dort brachte ihn der Herr zur Strecke durch einen kalten Winter. Gott streitet! Er kämpft! Es ist nicht so, dass wir uns groß aufregen und „auf die Barrikaden gehen" müssen. Der Russlandfeldzug, der im Jahr 1812 vollzogen wurde, besiegelte seinen Untergang. Mit kaum „einer Hand voll Leuten" zog er den Rückzug an. Von dem napoleonischen Weltreich blieb nach der Schlacht bei Waterloo nicht mehr viel übrig! Alles war vorbei. Napoleons Stärke erwuchs aus dem folgenden Slogan heraus: „Wir müssen Freiheit, Gleichheit und Brüderlichkeit unter die Menschen bringen!" Eine sehr tolle, geachtete Mission, an der an und für sich nichts Verwerfliches ist. Alle Leute sind gleich, Religionsfreiheit, Meinungsfreiheit – alles klar. Das Schlimmste, was er tat, war, dass er seine Gedanken verriet! Und er blieb nicht bei der Sache.

Als im Jahr 1917 die USA in den Ersten Weltkrieg eintrat, wollte sie auch die Welt verändern und demokratisieren! – ich will hier nur die Geschichte aufarbeiten, weil ich als „Wächter auf Zions Mauern" später noch eine Botschaft habe, um zu warnen: „Leute, verlasst euch nicht auf die Politik! Verlasst euch auf den Herrn und auf euren Verstand! Und selbst dazu sind wir nicht einmal richtig imstande – Der damalige Präsident Woodrow Wilson formulierte es wie folgt: „Es ist ein Krieg, der alle Kriege einmal für immer beenden wird!" Und im Jahr 1945 wurde die Atombombe abgeworfen! Als „Friedensbombe" bezeichnete man sie! Man wollte Frieden stiften! Was tat man? Man ermordete in einer einzigen Nacht mehr als 150.000 Menschen! Seitdem führten die USA jeden Krieg angeblich im Namen der Demokratisierung! Der Westen brennt! „Er verheizt sich selbst", seine Finanzen, seine Leute und alles Weitere. Amerika ist unter dem Gericht des Herrn! Amerikas Sünden schreien zum Himmel wie ehemals die Sünden Israels! Jede Nation steht einmal vor Gott, und jede Nation wird einmal von Ihm gerichtet. Materialismus, Vergnügungssucht, Stolz,

Arroganz, Einbildung, Trotz, Sündhaftigkeit, Unmoral, Perversion, ein korrupter Führungsstil sind im Westen gang und gäbe. Bei uns ist es genauso! Die Europäische Union ist nicht mehr als ein Büttel Amerikas und wird daran zugrunde gehen. Die Nationen sind nur „das Büttel", die Ausführenden. Was sie nicht tun wollen, sollen wir tun, nur mit dem Unterschied, dass die USA noch Öl von Russland bezieht!

Israel beging sechs Sünden, die zu sechs Flüchen führten. Diese sechs Sünden führten die Nationen in den Abgrund! Darüber wird im Buch des Propheten Jesaja Kapitel 5 berichtet. Es soll eine Vorbereitung auf die Botschaft sein, was mit Amerika und dem Westen nicht stimmt. Sie verwarfen das Wort Gottes, das Gesetz Gottes des Heiligen! Sie achteten das Gesetz nicht! Diese Gesellschaft will nichts von Gott hören! Erzähle etwas darüber und du kommst gleich hinter Gitter, wirst gelöscht oder gestrichen. Der Westen ist voll von korrupten Führern! Es steht geschrieben: **Weh denen, die Helden sind, Wein zu saufen, und wackere Männer, starkes Getränk zu mischen (Jes 5,22).** Sie sind alle berauscht! Sie sind alle voll von Bestechung! Politiker und Führer sind gekauft! Genau das steht in der Heiligen Schrift! Die Geduld des Herrn ist irgendwann einmal zu Ende. Das gilt auch einer so frommen Nation, der die zehn Gebote zur Grundlage gemacht wurden, zur Zeit, da die Puritaner Amerika gründeten. Irgendwann ist die Geduld zu Ende! Wir müssen dranbleiben! Wir dürfen die Sache nicht aufgeben! Wenn Gott Amerika nicht bald zerstört, „muss Er nach Sodom und Gomorra gehen und sich bei den Leuten dort dafür entschuldigen, dass Er sie ehemals verderbte". Doch das wird Er nicht tun. Dafür schickt er einen Wladimir W. Putin. Das teile ich euch nur in aller Liebe mit! Das wird Er nicht tun! Dieser Mann erledigt das, gleich damals Nebukadnezar.

Als ich einmal in der Bibel las, dass Nebukadnezar der Diener Gottes (s. Jer 27,6 HFA, NeÜ, ZB) ist, dem Er gebot, dieses und jenes (s. Jer 27,7) auszurichten, dachte ich mir: Wo gibt es das, dass Nebukadnezar, dieser Beelzebub, ein Diener Gottes ist, der die Juden jetzt so richtig straft und ihnen „in den Hintern bläst". Diese erledigen dann die Drecksarbeit! Für Wladimir W. Putin sind die Drogensüchtigen und Schwulen der Abschaum der Gesellschaft! Er sagt: „Das darf nicht zu uns kommen!" und auch: „Es muss bereinigt werden!" Lies die Kommentare nach! Es wird immer wieder wiederholt und publik gemacht! Sie wollen es bereinigen und in Ordnung bringen. Und der Patriarch Kyrill I. heißt es für gut und sagt zu dem Staats- und Regierungsoberhaupt: „Geh hin in dem Namen des Herrn!" Da frage ich mich: Was ist da los? Was wird da gespielt? Der Herr selbst schafft eine neue Ordnung, kommt hernieder, gleich so, wie Er es damals bei dem Turmbau zu Babel tat und Ordnung schaffte, indem Er die Sprachen verwirrte (s. 1 Mose 11,7b). Sie verstanden einander nicht mehr und jeder ging in seine Richtung. Deshalb haben wir mehrere tausend Sprachen. Der Prophet Nehemia sah, wie Jerusalem zerstört war und weinte! (Siehe Neh 1,4a) Wo sind die Leute – und das ist es, was mich bewegt –, die noch über das Elend in dieser Welt weinen? Wo sind die Leute, die über Amerika weinen, die über Deutschland weinen, die über sich selbst weinen? Jesus sprach einmal, was nachfolgend geschrieben steht: <u>Jesus aber wandte sich um zu ihnen und sprach: Ihr Töchter von Jerusalem,</u> **<u>weint nicht über mich, sondern weint über euch selbst und über eure Kinder (Lk 23,28).</u>** Das ist eine knallharte Wahrheit. Er weinte, weil Er wusste, dass es eine gute Stadt war! Es war eine Gründung Gottes! Diese Stadt war nicht geschützt, denn die Männer, welche sie bewachen sollten, waren „Waschlappen"! Sie saßen nicht an den Toren! Das sah der Prophet Nehemia. Jerusalem schlitterte geradewegs in ein Chaos und wurde zu einem Trümmerhaufen. Ja, das war Jerusalem! Es war trostlos! Es war in einer schlimmen Situation, denn die Tore waren verbrannt und vernichtet! Jedem Depp, jedem Verbrecher, jedem Sünder und Ganoven war es möglich, ein und auszugehen! Ja, jedem! Es steht geschrieben: **<u>Kommt, lasst uns die Mauern Jerusalems wieder aufbauen, dass wir nicht weiter ein Gespött seien! (Neh 2,17b)</u>** Das gilt auch für uns. Lasst uns „die Mauern Jerusalems" wieder aufbauen! Auch wir sollten bei uns selbst anfangen, „die Mauern Jerusalems wieder aufzubauen". Deshalb setzen wir auch die Predigten ins Internet.

Viele Leute hören sie. Ich will die Heiligkeit des Herrn wieder „auf den Leuchter stellen"!

Wir befinden uns gerade in einer ähnlichen Situation wie die westliche Gesellschaft. Wir werden zum Gespött! Ja, wo sind die lieben Heilandsleute? Wo sind die lieben Christen? Wo sind die Christen auf Facebook? Wo sind die Christen auf der Straße? Du siehst keine Christen! In der Kirche siehst du ein paar alte Omis, das ist alles. Was wurde aus den Christen? Wir befinden uns in der folgenden Situation: Der Wohlstand zerbrach und zerstörte alles! Man will nur Geld, seinen Frieden und seine Ruhe haben. Jesus sprach, was nachfolgend geschrieben steht: **Denkt nicht, ich sei gekommen, um Frieden auf die Erde zu bringen! Ich bin nicht gekommen, um Frieden zu bringen, sondern das Schwert (Mt 10,34 EU).** Du magst vielleicht schockiert sein. Ja, es ist wahr! Er brachte das Schwert! Wir müssen uns durchsetzen. Wir müssen für den Herrn streiten! Als die Babylonier Jerusalem niederbrannten, gab Gott dem Propheten Nehemia den Impuls, nach Jahren der Gefangenschaft Jerusalem wieder aufzubauen (s. Neh 2,4b-5). Wir wollen sehen, wie es weitergeht. Wo sind „die Nehemias" unserer Zeit? Wo sind die vielen Christen allerorts? Wo sind die Pastoren, die mit einer Kelle in der Hand arbeiten, bauen und die Mauer hochziehen, und mit der anderen das Schwert halten? Wo sind die Leute, die bauen und kämpfen? Beides gehört zusammen, bauen und kämpfen.

Wir wurden durch Wohlstand verführt, nach der Devise: „Ach, der Herr gibt es den Seinen im Schlaf." (Siehe Ps 127,2b) Wo sind die ganzen christlichen Führer, die Menschen versammeln den Herrn zu suchen und ernst zu machen mit ihrem Glauben? Wo sind diese Leute, Frauen inbegriffen, wo sind sie alle? Dazu lese ich hier im Wort Gottes, was nachfolgend geschrieben steht: **Und als ich ihre Furcht sah, da machte ich mich auf und sagte zu den Edlen und zu den Vorstehern und zum Rest des Volkes: Fürchtet euch nicht vor ihnen! (Neh 4,8a ELB)** Das tat der Prophet Nehemia kund. Jeder baute mit seinem Schwert und mit seiner Kelle in der

Hand die Stadt (s. Neh 4,11b). Sie standen so dicht gedrängt auf der Mauer, dass sie, sobald sie der Feind bedrängte, sofort ins Horn bliesen: „Hilfe! Jetzt passiert etwas!" (Siehe Neh 4,12b.14a) Sie hielten zusammen! Der eine stand an diesem Stück Mauer, und der andere an jenem. Wo auch immer der eine oder der andere stand, jeder baute an der Mauer mit. Wo ist die Einheit der Gläubigen? Wo ist die Verbundenheit der Christen? Ich lese dazu weiter, was nachfolgend geschrieben steht: **Und ich sagte zu den Edlen und zu den Vorstehern und zum Rest des Volkes: Das Werk ist groß und weitläufig, und wir sind auf der Mauer zerstreut, jeder weitab von seinen Brüdern. An den Ort, woher ihr den Schall des Horns hört, dorthin sammelt euch zu uns! Unser Gott wird für uns kämpfen! (Neh 4,13f. ELB)** Wir müssen nicht viel tun! Wir müssen nur zusammenstehen! Der Herr wird für uns streiten. Halleluja! Wir laufen Gefahr, unsere Zeit im Exil zu verlängern, wenn wir das nicht tun!, wenn wir nicht „an der Mauer Jerusalems bauen" und an der Heiligkeit Gottes arbeiten! Im Wort Gottes finden wir eine Bemerkung vor, die geschrieben steht, siehe hier: **Jagt dem Frieden nach mit jedermann und der Heiligung, ohne die niemand den Herrn sehen wird (Hebr 12,14).** Wir brauchen „Nehemias" und Menschen, die „an der Mauer arbeiten" und nicht nachgeben! Es sind nicht mehr viele! Wo sind denn diese ganzen Heiligen? Wo sind diese ganzen gottesfürchtigen Menschen? Wo sind sie? Viele Führer in der Gemeinde würden nicht einmal erkennen, dass Jerusalem in Trümmern liegt. Sie rufen aus: „Also, es ist doch alles okay. Warum echauffiert sich denn der Herr Matutis so?" Sie werden es nicht verstehen! Dieser Krieg in der Ukraine ist der Anfang vom Ende, ob du es mir glaubst oder nicht. Ja, das ist wahr! Der Herr spricht, was nachfolgend geschrieben steht: **Ihr werdet aber von Kriegen und Kriegsgerüchten hören. Seht zu, erschreckt nicht! Denn es muss geschehen, aber es ist noch nicht das Ende (Mt 24,6 ELB).** – Amerika brennt! – Und weiter lese ich, was auch geschrieben steht, siehe hier: **Denn es wird sich Nation gegen Nation erheben und Königreich gegen Königreich, und es werden Hungersnöte und Erdbeben da und dort sein. Alles dies aber ist der Anfang der Wehen (Mt 24,7f. ELB).** Es wird Hungersnöte,

Seuchen und teure Zeiten an vielen Orten geben! Ja, und es wird so viel Negatives passieren! Aber das alles ist erst der Anfang des ganzen Leides und Kummers! Wir stehen hier, und nun müssen wir damit beginnen, etwas zu tun, damit „das Feuer gelöscht wird", bei uns zumindest, damit wir nicht *„ihrer Sünden teilhaftig"* werden! Deshalb geht auch aus dem Wort Gottes hervor, was geschrieben steht, siehe hier: <u>Und ich hörte eine andere Stimme aus dem Himmel, die sprach:</u> **<u>Geht hinaus aus ihr, mein Volk, damit ihr nicht ihrer Sünden teilhaftig werdet und damit ihr nicht von ihren Plagen empfangt! (Offb 18,4</u>** <u>SLT)</u> Wir werden teilhaftig, wenn wir nicht unsere Stimme erheben, und wenn wir nicht „Kelle und Schwert benützen". Du sagst: „Ja, wir Gotteskinder sind Kriegsdienstverweigerer! Wir sind Pazifisten!" Ich bin ein Pazifist wie er im Buche steht! Ich verweigerte sogar meinen Ersatzdienst! Aber wenn es um die Sache Gottes geht, setze ich alles aufs Spiel!

Gebet: Lieber Gott, mit dieser Botschaft will ich einfach Alarm schlagen. Der Westen brennt! Die Gläubigen „hängen am Tropf". Mit ihnen ist nicht mehr viel los. Mit ihnen kannst Du nicht mehr viel anfangen. Wir erleben hautnah den Krieg und Kriegsgeschrei. „Die Wehen beginnen!" Heiland, erwecke ein paar Gläubige, wo auch immer sie jetzt diese Predigt hören, damit sie „ihre Lampen" (s. Mt 25,7) und „ihre Kleider hellmachen", damit sie sich anziehen (s. Offb 7,14b) und bereitmachen, für Gott zu eifern, sodass sie, gleich dem Psalmisten David, sagen können: *„Der Eifer um Dein Haus hat mich gefressen".* (Siehe Ps 69,10a; Joh 2,17)

Herr, hilf, dass wir uns von unserer Selbstsucht befreien, damit wir uns nicht nur „um uns selbst drehen und im eigenen Saft schmoren". *Dein Reich komme. Dein Wille geschehe.* Hilf uns, Herr! Hilf uns, Heiland, dass wir wie ein Brand aus dem Feuer gerettet werden (s. Am 4,11a) und dass sich noch viele Menschen, die diese Predigt vernehmen, aufmachen und nicht gleichgültig und oberflächlich sind. Ja, und dass sie sagen: „Vielleicht hat ja der Herr Matutis recht." Herr, segne die Leute, die Dein Wort verstanden, Vater, in Jesu Namen, Amen.

HINWEISE zur QUELLENANGABE

Die von mir verwendete Literatur:

Lange Bibelwerk, 1873 Leipzig. Die Schriften des Alten und Neuen Testaments erklärt und übersetzt für die Gegenwart. 1925 Göttingen, Vandenhoeck & Ruprecht. Außerdem Otto von Gerlach, Altes und Neues Testament (Anmerkungen) 1893 Leipzig (J. E. Heinrichs'sche Buchhandlung) und mein eigenes Archiv.

ANMERKUNG

Die meisten Schriftstellen sind der Lutherbibel 2017 entnommen, nur einige wenige nicht. Beachten Sie dazu bitte die nachfolgenden weiterführenden Hinweise. Vergleichbare in diesem Buch aufgeführte Übersetzungen sind die folgenden:

HFA	Hoffnung für alle
SLT	Schlachter 2000
ELB	Elberfelder Bibel
GNB	Gute Nachricht Bibel 2018
EU	Einheitsübersetzung 2016
NLB	Neues Leben Bibel
MENG	Menge Bibel
NeÜ	Neue evangelische Übersetzung
ZB	Zürcher Bibel

Weitere Einblicke:

Gemeindebibelschule

Band 1   Band 2

ISBN: 978-3-8416-0122-3   ISBN: 978-613-8-37838-9

Seitenzahl: 332   Seitenzahl: 312

Herausgabe: 07.10.2011   Herausgabe: 15.05.2024

Predigtsammlung

Band 1   Band 2   Band 3

ISBN: 978-613-8-35336-2   ISBN: 978-613-8-37845-7   ISBN: 978-613-8-37873-0

Seitenzahl: 96   Seitenzahl: 108   Seitenzahl: 96

Herausgabe: 09.03.2023   Herausgabe: 25.06.2024   Herausgabe: 31.07.2024

Printed by Books on Demand GmbH, Norderstedt / Germany